조동선요
(曹洞禪要)

김호귀

도서출판 石蘭

조동선의 역사 · 사상 · 수행

조동선지의 연원

 조동선은 석존 및 석존의 근본적인 가르침에서 비롯하였다. 그렇다면 조동선의 입장과 석존 및 석존의 근본교설은 어떤 관계에 있는가. 이 문제는 조동선의 정체성과 본질 및 그 의의를 이해하는 기본 바탕이다. 모든 시대나 국가나 종파의 불교는 석존 및 석존의 교설에 기초하고 있다. 그 가르침에 근거하지 않는 것은 불교가 아니다. 따라서 석존의 근본교설과 각 종파에서 내세우는 불교는 필연적인 관계가 있다. 이런 점에서 보면 조동선의 입장도 석존 및 석존의 교설에 근거하고 있음은 물론이다. 그러나 근본교설에 바탕을 두면서도 무엇을 강조하고 어떻게 교단을 운영하며 왜 그런 방식으로 전승하고 어떤 자세로 바라보는가 하는 특수한 입장으로부터 많은 종파가 출현하지 않을 수 없었다. 그러면 조동선의 경우 근본교설과 어떤 관계에 있는가.
 근본불교의 교설 가운데서 조동선과 유관한 가장 근본적인 것은 선정을 강조한다는 점이다. 조동선에서 좌선수행을 강조하는 지관타좌(只管打坐)가 바로 그것이다. 석가모니는 요가와 고행을 두루 경험한 이후에 선정의 방법을 통하여 깨침을 터득하였다. 그것은 어디까지나 좌선방식의 선정수행이었다.

조동선과 근본교설의 관계는 좌선선정의 형식뿐만 아니라 실제로 근본교설의 내용에 대해서도 마찬가지이다. 석가모니의 근본교설 가운데 하나는 사성제와 팔정도이다. 사성제는 우주와 인생에 대하여 현실과 이상의 관계를 제시한 것으로 고성제·집성제·멸성제·도성제이다. 고성제는 우주와 인생의 현실을 고뇌의 세계로 바라보는 고뇌의 자각이다. 집성제는 고뇌의 현실을 초래하는 그 원인은 갖가지 갈애(渴愛)로부터 비롯한다는 인식이다. 고성제와 집성제의 관계는 우주와 인생에 대한 현실적인 측면의 인과관계를 제시한 것이다. 때문에 미계(迷界)의 인과라고 한다.

그러나 우주와 인생의 궁극적인 이상은 바로 그와 같은 현실의 모든 번뇌를 벗어나 열반의 세계에 들어가는 것이다. 그것의 성취가 곧 멸성제이다. 멸성제는 인생의 최고의 가치이고 궁극의 경지로서 최고선의 실현이다. 그와 같은 멸성제의 실천을 제시한 것이 곧 팔정도이다. 그것은 말하자면 멸성제를 완성하는 수행방법인 도성제이다. 멸성제와 도성제의 관계는 우주와 인생에 대한 이상적인 측면의 인과관계를 제시한 것이다. 때문에 오계(悟界)의 인과라고 한다.

팔정도는 여덟 가지 성스러운 길, 또는 여덟 가지 올바른 방법 내지 가르침을 말한다. 그래서 팔직도(八直道)라고도 한다. 이 가르침은 붓다가 녹야원에서 다섯 비구를 상대로 하여 최초로 가르침을 편 것으로 더욱 유명하다. 그만큼 깨침에 이르는 가장 보편적이고 올바르며 빠른 방법으로 제시되어 있다.

불교수행의 근본은 미혹한 번뇌와 어리석음을 끊고 본래 구비하고 있는 반야지혜를 드러내어 그것을 모든 중생과 함께 공유하는 데 있다. 이것이 곧 지혜와 자비행위이다. 이와 같은 불교수행의 근간은 계학과 정학과 혜학으로 이루어져 있다. 바로 이 삼학을 가장 기본적인 가르침으로 제시하여 체계화시킨 것이 곧 팔정도이다. 이런 점에서 팔정도는 불교수행의 근본이면서 궁극으로 통한다.

따라서 교설의 내용으로 보아도 사성제의 도성제에 해당하는 팔정도에는 그대로 삼학이 존재하는네 삼학을 내용으로 하는 선정이야말로 곧 조동선의 좌선선정의 내용과 부합된다. 이것은 석가모니의 수행과 깨침과 설법과 교화의 그 본교설이 좌선지상주의를 내세워 발심과 수행과 증득과 열반을 지향하는 조동선의 교의에 그대로 상통한다는 점을 보여준다.

그런데 선정은 모든 불교의 바탕이고 공통이기 때문에 이와 같은 입장에서 연기론과 실상론과 무관하지 않다. 특히 조동선의 입장과 관련하여 화엄의 법계연기론은 진여의 법체가 자력에 의하여 자기전체를 드러낸다는 절대적인 일원론이고, 밀교의 육대연기론은 우주만유의 본체를 대일여래로 보아 일체의 정신현상과 물질현상도 모두 대일여래의 현현으로 간주한다.

이와 관련하여 조동선의 입장은 우주의 모든 현상은 부처의 화현으로 간주한다. 그 부처는 광대한 자력에 의한 것으로 타력을 말미암지 않는다. 곧 본래성불로서 본증묘수(本證妙修)이고 현성공안(現成公案)이며 본증자각(本證自覺)이라는 점에서 법계연기론과 육대연기론은 조동선의 입장과 상통한다. 특히 중생즉부처 내지 생사즉보리를 내세우는 조동선의 근본교의는 현상속에서 부처를 보는 것이 아니라 현상 그 자체가 곧 부처라는 입장으로 육대연기의 법신개념과 동일하다.

또한 제법실상론은 일체의 모든 현상은 실재한다는 바로 거기에서 가치와 의의를 인정하는 것으로서 조동선이 본래성불(本來成佛)의 바탕에서 현성공안(現成公案)의 입장을 견지하는 것과 마찬가지이다.

이와 같은 교의의 특성 및 수행방식 등 여러 가지 점에서 조동선의 입장은 석가모니의 근본교설에 대단히 가깝다. 이런 점에서 조동선은 근본교설에 대한 새로운 사상이나 수행의 출현이 아니라 근본에 철저한 종지를 지니고 있다. 그것이 일상의 생활에서는 주도면밀하고 용의주도하게 착실한 수행의 가풍으로 발전되었고, 사상적으로는 철저한 본증의 자각과 중생이 곧 부처라는 열린 관계[回互]와 닫힌 관계[不回互]의 조동오위로 나타났으며, 행지면밀한 이법인법(以法印法)의 인가라는 접화수단의 형성과, 지극히 인간적인 이심전심의 사자상전 등으로 나타났다.

이로써 조동선의 근본은 철저한 깨침의 자각에 바탕한 정법안장의 강조와 치밀하게 전개되는 논리구조의 교리와 다양한 심성의 소유자를 좌선선정의 지관타좌로 단일화시킨 점에 있다. 이것이야말로 매일 좌선하면 좌선하는만큼 성숙하는 것으로 불법즉위의(不法卽威儀)의 조동선풍이다.

2007년 9월
묵조선원에서

차례

조동선지의 연원 / 5

제1장 조동선의 전등역사 / 13
1. 선의 발생과 전승 / 14
   1) 선법의 형성 / 14
   2) 인도의 등불 / 18
      (1) 과거칠불의 전법상승
      (2) 28대 조사의 전법상승
   3) 동토 6조의 전법상승 / 35
      (1) 동토의 초조 보리달마 대사
      (2) 동토의 제2조 태조혜가 대사
      (3) 동토의 제3조 감지승찬 대사
      (4) 동토의 제4조 대의도신 대사
      (5) 동토의 제5조 대만홍인 대사
      (6) 동토의 제6조 대감혜능 대사

2. 조동선 전법의 상승 / 56
  1) 조동선맥의 원류 / 56
    (1) 혜능대사의 수제자 - 청원행사 -
    (2) 청원행사의 전법제자 - 석두희천 -
    (3) 석두희천의 전법제자 - 약산유엄 -
    (4) 약산유엄의 전법제자 - 운암담성 -
  2) 조동선맥의 형성 / 68
    (1) 운암의 전법제자 - 동산양개 -
    (2) 동산의 전법제자 - 조산본적 -
    (3) 동산의 전법제자 - 운거도응 -

제2장 조동선의 종지 / 89

1. 조동선의 본질 / 90
2. 조동선지의 원류 / 94
  1) 초기선종의 선법 계승 / 94
  2) 석두희친의 『참동계』 / 106
  3) 석두희천의 『초암가』 / 111
3. 조동선지의 전개 / 114
  1) 동산양개의 조동선지 / 114
    (1) 『보경삼매』
    (2) 『오위현결』
    (3) 『삼종삼루』

    2) 조산본적의 조동선지 / 164
       (1) 『삼종타』
       (2) 『오위군신지결』
       (3) 『사종이류』
       (4) 『팔요현기』
    3) 운거도응의 조동선지 / 173

제3장 조동선의 수행 / 181
  1. 굉지정각과 묵조선 / 182
  2. 『묵조명』과 묵조선 / 193
    1) 『묵조명』의 내용 / 193
    2) 『묵조명』의 의의 / 244
  3. 묵조선의 수행 / 248
    1) 진리의 현성 / 248
    2) 가부좌의 수행 / 256
    3) 심신과 자각 / 262
    4) 비사량의 좌선 / 269
    5) 신심탈락의 경험 / 277

제1장
조동선의 전등역사

1. 선의 발생과 전승 / 14
   1) 선법의 형성 / 14
   2) 인도의 등불 / 18
   3) 동토 6조의 전법상승 / 35
2. 조동선 전법의 상승 / 56
   1) 조동선맥의 원류 / 56
   2) 조동선맥의 형성 / 68

1. 선의 발생과 전승

1) 선법의 형성

선의 직접적인 시작은 붇다로부터 비롯한다. 붇다는 오랜 세월동안 수행을 두루 경험한 후에 궁극으로 선의 수행을 통하여 연기법을 터득함으로써 깨침을 얻었다. 선수행은 붇다가 출가하여 채택한 것으로 불교 전반에 걸쳐 가장 대표적인 수행방식이 되었다. 이로써 선은 불교의 수행법으로서 널리 보편화되었다. 따라서 선에도 그 수행방법과 사상적인 체계가 형성되고 분류되면서 전승되었다. 그리고 그 전승의 방식도 이심전심(以心傳心) 이법인법(以法印法)으로서 삼세제불과 조사들로 면면하게 계승되었다. 이것이 소위 과거의 7불과 서천의 28조의 전등설로 등장하였다.

붇다의 수행방식은 다양하였다. 출가하여 제일 먼저 선택한 방법은 요가수행 곧 수정주의(修定主義)였다. 붇다는 당시에 유명했던 알라라칼라마와 웃다카라마풋타를 통해 수정주의를 체험하였으며, 고행을 내세우는 금욕주의(禁慾主義)까지도 경험하였다. 그리고 나서 붇다가 최후로 선택한 것이 선정주의의 방법이었다.

수정주의란 몸을 움직이지 않고 호흡을 가다듬어 정신적

무념(無念)·무상(無想)의 경계까지 들어가 오로지 정신적 자유를 향유하는 것으로 육체계박설(肉體無繫縛說)이라고도 한다. 그리고 고행주의는 해탈을 얻는데 그 정신을 장애하는 육체 때문에 부자유하고 윤회하므로, 육체를 괴롭혀 정신의 자유·해탈을 향유할 수 있다는 것을 내세우는 것으로 육체계박설의 성격도 지니고 있다. 붇다는 이 두 가지 방법을 모두 궁극까지 터득하였다. 그리고는 이후에 그것을 포기하였지 무조건 부정만 한 것은 아니었다. 이리하여 붇다의 수행은 출가(出家) → 요가의 수정주의(修定主義) → 개인의 고행주의(苦行主義) → 좌선의 선정주의(禪定主義) → 삼명지(三明智) → 성도(成道)의 과정을 거쳤다.

삼명통 가운데 숙명통(宿命通)은 생명의 시간적 무한성을 말하는 것으로서 자타의 숙세를 통달하여 아는 지혜이다. 천안통(天眼通)은 생명의 공간적 무한성을 말하는 것으로서 자타의 미래세를 통달하여 아는 지혜이다. 누진통(漏盡通)은 생명의 본래성을 상징하는 것으로서 현재의 고를 알아 일체의 번뇌를 끊는 지혜이다.

붇다의 이와 같은 수행과정은 좌선주의가 기본이 되었는데 이것은 수선주의로부터 선정주의로의 변화였다. 붇다의 이와 같은 수행의 처음은 입식(入息)과 출식(出息)을 중요시하는 아나파나사티였다. 곧 붇다는 호흡법을 통하여 삼매에 들고 4선정의 과정을 거쳐 깨쳤다. 붇다가 중도의 내용으로서 보인 팔정도 가운데 마지막의 정정(正定)의 내용은 사선(四禪)이었다.

불교의 우주관은 기본적으로 원시선정에서 말하는 선정관의 단계와 밀접한 관계를 지니고 있다. 불교의 우주관에서 말하는 공간적인 세계는 곧 선정의 단계인 정신적인 세계를 나타내고 있다. 이 가운데 중생세간을 나타내는 삼계는 욕계(欲界)·색계(色界)·무색계(無色界)이다. 욕계는 탐욕·불만·어리석음·아만·의심 등이 치성하는 욕망의 세계이다. 색계는 이 삼독심은 초월했지만 아직 물질이라는 개념 속에 살고 있는 물질의 세계이다. 무색계는 삼독과 물질의 개념을 초월한 정신의 세계이다.

이 가운데 욕계는 여섯 세계가 있는데 곧 사왕천(四王天 : 東持國天·西廣目天·南增長天·北多聞天)·도리천(忉利天)·야마천(夜摩天)·도솔천(兜率天)·화락천(化樂天·自化自在天)·타화자재천(他化自在天)이다. 그러나 욕계에서 경험하는 선정은 진정한 의미의 선정이 아니라 단지 정신통일에 지나지 않는다. 진정한 선정의 개념은 색계부터 시작된다.

색계는 18천으로 구성되어 있다. 곧 색계 18천은 초선천에는 범중천(梵衆天)·범보천(梵輔天)·대범천(大梵天)이고, 제2선천에는 소광천(少光天)·무량광천(無量光天)·극광천(極光天)이며, 제3선천에는 소정천(少淨天)·무량정천(無量

淨天) · 변정천(遍淨天)이고, 제4선천에는 무운천(無雲天) · 복생천(福生天) · 광과천(廣果天) · 무상천(無想天) · 무번천(無煩天) · 무열천(無熱天) · 선견천(善見天) · 선현천(善現天) · 색구경천(色究竟天 · 阿迦膩吒天 · 有頂天)이다. 이 18선천은 모두 선처(禪處)의 세계에 해당한다.

초선천에서는 번거로운 삶을 떠나 호젓한 즐거움을 느끼는 이생희락(離生喜樂)이고, 제2선천에서는 선수행을 바탕으로 믿음이 명정하고 몸과 마음에 경안(輕安)을 얻는 정생희락(定生喜樂)이며, 제3선천에서는 희(喜)를 벗어나 마음이 평등해져 정념(正念)과 정지(正知)가 나타나는 이희묘락(離喜妙樂)이고, 제4선천은 낙(樂)마저 초월하여 내면의 순화가 이루어지는 사념청정(捨念淸淨) 및 불고불락(不苦不樂)의 경지이다. 여기에서 삼명(三明)이 터득되는 명지(明知)가 나타난다.

무색계는 공무변처정(空無邊處定) · 식무변처정(識無邊處定) · 무소유처정(無所有處定) · 비상비비상처정(非想非非想處定)이다. 앞의 4선천을 사선(四禪)인 부르는 것에 비하여 이 4정처(定處)는 사무색정(四無色定)이라 불리운다.

사무색정은 무색계에서 닦는 선정으로서 물질의 관념과 욕망을 떠나서 순수한 정신만 존재한다. 곧 공무변처정은 마음이 무한한 허공에 머물듯이 색을 초월하여 공을 터득하는 경지이다. 식무변처정은 마음을 안으로 향하여 무형무상(無形無相)의 심식으로 일체를 관조하는 것이다. 무소유처정은 일체의 심식까지도 벗어나 밖으로 무변공(無邊空)도 아니고 안으로 무변식(無邊識)도 아닌 일체무소유로서 마음에 의지하는 바가 없는 것이다. 비상비비상처정은 식무변처정과 같이 유상(有想)도 아니고, 무소유처정과 같이 무상(無想)도 아니며 어떤 경지에서도 정심(定心)이 상속하여 단절됨이 없고 일체 번뇌를 초월하고 번뇌의 원인까지도 초월하는 경지이다.

이처럼 색계의 사선과 무색계의 사무색정을 합하여 사선 팔정(四禪八定)이라 한다. 이것은 초기선정설의 기본으로서 후에 멸진정(滅盡定)이 가미되어 구차제정(九次第定)으로 완성된다.

2) 인도의 등불

인도에서 형성되고 전승된 선법은 선의 발생부터 삼세제불의 정법안장(正法眼藏)을 강조하였다. 이것이 소위 과거의 7불과 서천의 28조설이다. 『조당집』을 중심으로 하여 기타 전등사서에 전하는 이들의 전법상승은 다음과 같다.

(1) 과거칠불의 전법상승

제1불 비바시불(毘婆尸佛)

성은 구루이고 신분은 찰리왕종으로서 아버지의 이름은 반표(槃裱)이고 어머니의 이름은 반두말타(槃頭末陀)이며, 찰말제(刹末提) 국가를 다스렸다. 비바시불의 전법게송은 다음과 같다.

몸은 형상이 없이 태어났으니   身從無相中受生
요술로 만들어낸 형상과 같다   喩如幻出諸形像
요술의 심식마저 본래 공하니   幻人心識本來空
죄복이 공하여 집착조차 없다   罪福皆空無所住

제2불 시기불(尸棄佛)

성은 구루이고 찰리왕종으로서 아버지의 이름은 이수나(阿輪拏)이고 어머니의 이름은 바라하월제(婆羅訶越提)이며, 다스린 나라의 이름은 아루나화제(阿樓那和提) 국가를 다스렸다. 시기불의 전법게송은 다음과 같다.

일으킨 모든 선법도 본래 허깨비이고   起諸善法本是幻
지은 일체의 악업도 또한 허깨비로다   造諸惡業亦是幻
몸은 물거품이요 마음은 바람과 같아   身如聚沫心如風
뿌리도 없고 실성도 없는 허깨비라네   幻出無根無實性

제3불 비사부불(毘舍浮佛)

성은 구루이고 찰리왕종으로서 아버지의 이름은 수바라제화(須波羅提和)이고 어머니의 이름은 야사월제(耶舍越提)이며, 아누우마(阿耨憂摩) 국가를 다스렸다. 비사부불의 전법게송은 다음과 같다.

네 가지 원소를 빌려서 몸으로 삼고 　假借四大以爲身
마음은 본무생의 인연법에 달렸으니 　心本無生因境有
몸 없으면 마음도 따라 또 없어지고 　前境若無心亦無
죄업과 복덕 저 요술처럼 나고 죽네 　罪福如幻起亦滅

제4불 구류손불(拘留孫佛)

성은 가섭이고 바라문종으로서 아버지의 이름은 아지달도(阿枝達兜)이고 어머니의 이름은 수사가(隨舍迦)이며, 윤가리제(輪訶利提) 국가에서 살았다. 구류손불의 전법게송은 다음과 같다.

몸에 실체없는 줄을 보면 부처를 보고 　見身無實是見佛
마음이 허깨비인 줄 알면 부처를 안다 　了心如幻是了佛
몸과 마음의 본래성품이 공한 줄 알면 　了得身心本性空
그 사람은 부처와 더불어 다르지 않네 　斯人與佛何殊別

제5불 구나함모니불(拘那含牟尼佛)

성은 가섭이고 바라문종으로 아버지의 이름은 야섬발다(耶睒鉢多)이고 어머니의 이름은 울다라(鬱多羅)이며, 차마월제(差摩越提) 국가에서 살았다. 구나함모니불의 전법게송은 다음과 같다.

부처는 몸을 보지 않고도 부처인 줄 알아본다　佛不見身知是佛
그러니 만약 진실로 안다면 부처가 따로 없다　若實有知別無佛
지혜로운 이는 죄의 성품이 공한 줄을 알아서　智者能知罪性空
언제나 태연하여 나고 죽는 일이 두렵지 않다　坦然不懼於生死

제6불 가섭불(迦葉佛)

성은 가섭이고 바라문종으로서 아버지의 이름은 아지달야바(阿枝達耶婆)이고 어머니의 이름은 단명월제야(檀明越提耶)이며, 바라사(波羅私) 국가에서 살았다. 가섭불의 전법게송은 다음과 같다.

모든 중생 성품이 청정하여　一切衆生性淸淨
본래 생기거나 멸함이 없다　從本無生無可滅
곧 몸과 마음이 허깨비이니　卽此身心是幻生
허깨비에는 죄와 복도 없다　幻化之中無罪福

제7불 석가모니불(釋迦牟尼佛)

성은 석가이고 찰리왕종으로서 아버지의 이름은 열두단(閱頭檀)이고 어머니의 이름은 마하마야(摩訶摩耶)이며, 가유라위(迦維羅衛) 국가를 다스렸다. 석가모니불의 전법게송은 다음과 같다.

허깨비는 원인도 없고 또 생함도 없으니 幻化無因亦無生
자연 그대로 인연과 생멸이 없음을 본다 皆則自然見如是
모든 법은 저절로 생기지 않음이 없으니 諸法無非自化生
요술 같은 생이므로 어찌 무서움 있으랴 幻化無生無所畏

(2) 28대 조사의 전법상승

제1조 대가섭(大迦葉) 존자

마갈타 사람으로 성은 바라문으로 아버지의 이름은 음택(飮澤)이고 어머니의 이름은 향지(香志)였다. 대가섭 존자의 전법게송은 다음과 같다.

모든 법은 본래법일 뿐 法法本來法
법과 비법이 따로 없다 無法無非法
어찌 동일한 법 가운데 何於一法中
법과 비법 달리 있으랴 有法有非法

제2조 아난(阿難) 존자

왕사성 사람으로 성은 찰제리로서 아버지는 백반왕(白飯王)이다. 아난존자의 전법게송은 다음과 같다.

본래 법을 통해 전했지만　本來付有法
전한 뒤엔 무법이라 한다　付了言無法
제각기 스스로 깨친 후엔　各各旣自悟
무법조차 없는 줄 안다네　悟了無無法

제3조 상나화수(商那和修) 존자

마돌라(摩突羅) 국가 사람으로 성은 비사다(毘舍多)로서 아버지의 이름은 임승(林勝)이고 어머니의 이름은 교사야(矯奢耶)였다. 상나화수 존자의 전법게송은 다음과 같다.

법도 없고 또한 마음도 없으니　非法亦非心
마음이 없으면 또 법도 없다네　無心亦無法
이와 같은 마음과 법을 설해도　說是心法時
그 설법엔 마음과 법이 없다네　是法非心法

제4조 우바국다(優婆鞠多) 존자

타리(吒利) 국가 사람으로 성은 수타(首陁)이다. 우바국다의 전법게송은 다음과 같다.

제1장 조동선의 전등역사 23

마음은 본래부터 그저 마음일 뿐　心自本來心
본래 마음에는 법이라 할게 없네　本心非有法
법도 있고 본래 마음도 있다지만　有法有本心
마음도 없고 본래부터 법도 없네　非心非本法

제5조 제다가(提多迦) 존자

마가타(摩迦陁) 국가 사람으로 처음의 이름은 향중(香衆)이었으나 제다가(提多迦)로 고쳤는데 번역하면 통진량(通眞量)이다. 제다가의 전법게송은 다음과 같다.

본래법과 본래심을 통달하면　通達本法心
법도 없고 또한 비법도 없다　無法無非法
깨침과 미혹 모두 다 같으니　悟了同未悟
무심해야 무법을 터득한다네　無心得無法

제6조 미차가(彌遮迦) 존자

중인도 사람으로 제다가의 법을 전수하였다. 미차가의 전법게송은 다음과 같다.

마음이 없어 얻을 바가 없으니　無心無可得
이름 없는 법을 설할 뿐이라네　說得無名法
마음이 마음 아닌 줄 깨쳐야만　若了心非心

비로소 마음과 마음 법을 안다 始解心心法

제7조 바수밀(婆須密) 존자

북천축 사람으로 미차가의 법을 전수하여 혼자 다니면서 많은 중생을 제도하였다. 바수밀의 전법게송은 다음과 같다.

마음은 곧 허공법계와 같고 心同虛空界
허공은 법과 같음을 보인다 示等虛空法
그러므로 허공을 깨칠 때면 證得虛空時
제법에 옳고 그름이란 없다 無是無非法

제8조 불타난제(佛陀難提) 존자

가마라(迦摩羅) 국가 사람으로 성은 구담바(瞿曇波)인데 태어날 때부터 정수리에 구슬이 있었는데 그 빛이 아주 찬란하였다. 가마라의 전법게송은 다음과 같다.

허공은 안과 밖이 없듯이 虛空無內外
마음과 법도 역시 그렇다 心法亦如是
만약 허공의 이치 깨치면 若了虛空故
진여 도리 역시 통달하네 是達眞如理

제9조 복태밀다(伏馱密多) 존자

제가(提迦) 국가 사람으로 성은 비사리(毘舍離)였다. 복태밀다 존자의 전법게송은 다음과 같다.

진리는 본래부터 명칭이 없지만 　眞理本無名
명칭에 의하여 진리가 드러난다 　因名現眞理
그러므로 진실한 법을 깨친다면 　領得眞實法
진리가 없을뿐더러 거짓도 없네 　非眞亦非僞

제10조 협(脅) 존자

중인도 사람으로 복태밀다의 법을 전수하여 많은 중생을 두루 교화하였다. 협 존자의 접법게송은 다음과 같다.

진여의 본체는 본래부터 참되니 　眞體自然眞
진여에 의하여 도리를 설한다네 　因眞說有理
따라서 진여의 법을 깨치고나면 　領得眞實法
갈 바도 없고 멈출 바도 없다네 　無行亦無止

제11조 부나야사(富那夜奢) 존자

화씨(花氏) 국가 사람으로 성은 구담(瞿曇)이었다. 부나야사의 전법게송은 다음과 같다.

미혹과 깨침은 숨음과 드러남과 같아　迷悟如隱顯
밝음과 어둠 애초 분리되지 않았다네　明暗不相離
이제 숨음과 드러남의 법을 부촉하니　今付隱顯法
미혹과 깨침은 같지도 다르지도 않다　非一亦非二

제12조 마명(馬鳴) 존자

바라나(波羅奈) 국가 사람으로 이름은 공승(功勝)이라고도 불렸다. 부나야사의 법을 전수하였다. 마명 존자의 전법게송은 다음과 같다.

숨음과 드러남이 곧 같은 법이듯이　隱顯卽本法
밝고 어두움 본래부터 둘이 아니다　明暗元無貳
이제 깨친 법을 그대에게 부촉하니　今付悟了法
취하지도 말고 또한 버리지도 말라　非取亦非棄

제13조 가비마라(迦毘摩羅) 존자

화씨(花氏) 국가 사람으로 처음에는 외도로서 제자가 3천 명이었는데 마명 존자를 만나 불교에 귀의하였다. 가비마라 존자의 전법게송은 다음과 같다.

숨기거나 드러남도 없는 불법을　非隱非顯法
나는 진실한 가르침이라 설한다　說是眞實際

숨고 드러나는 법을 깨치고나면 悟此隱顯法
어리석음도 없고 지혜도 없다네 非愚亦非智

제14조 용수(龍樹) 존자

서천축 사람으로 용승(龍勝) 이라고도 불렀다. 가비마라 존자의 가르침을 듣고 후에 남인도로 가서 크게 법을 펼쳤다. 용수 존자의 전법게송은 다음과 같다.

숨고 드러나는 법을 설명하려고 爲明隱顯法
바야흐로 해탈의 도리 설하였네 方說解脫理
법을 깨쳤다는 생각조차 없으면 於法心不證
성냄도 없으면서 기쁨도 없다네 無嗔亦無喜

제15조 가나제바(迦那提婆) 존자

남인도 사람으로 성은 비사라(毘舍羅) 였다. 처음에는 복업과 변론을 추구했지만 용수 존자를 만나 대승법에 귀의하였다. 가나제바의 전법게송은 다음과 같다.

본래 사람들에게 전법하는 뜻은 本對傳法人
해탈의 도리를 설하기 위함이다 爲說解脫理
실로 깨쳐야 할 바 법이 없으니 於法實無證
끝도 없고 또 시작할 바도 없네 無終復無始

제16조 라후라다(羅睺羅多) 존자

비라(毘羅) 국가 사람으로 성은 범마(梵摩)이고 아버지의 이름은 정덕(淨德)이었으며 그 교화가 실라벌성(室羅筏城)까지 미쳤다. 라후라다 존자의 전법게송은 다음과 같다.

법은 진실로 깨우친 바도 없으므로　　於法實無證
취하지도 말고 또한 버리지도 말라　　不取亦不離
법은 유상도 아니고 무상도 아닌데　　法非有無相
어찌 안과 밖으로 번갈아 일겠는가　　內外云何起

제17조 승가난제존자

실라벌성(室羅筏城) 사람으로 보장엄왕(寶莊嚴王)의 아들로 어머니의 이름은 분타리(芬陁利)였다. 라후라다 존자에게 법을 받고는 널리 교화를 폈다. 승가난제 존자의 전법게송은 다음과 같다.

마음은 본래 생겨남이 없지마는　　心地本無生
종자가 연을 말미암아 생겨나듯　　因種從緣起
연과 종자가 서로간에 어울리듯　　緣種不相妨
마음의 꽃과 열매도 그러하도다　　花菓亦復然

제18조 가야사다(伽耶舍多) 존자

마갈(摩竭) 국가 사람으로 성은 울두람(鬱頭藍)이고 아버지의 이름은 천개(天蓋)이며 어머니의 이름은 방성(方聖)이었다. 가야사다의 전법게송은 다음과 같다.

종자 있고 마음 있으니　有種有心地
인과 연이 싹을 피운다　因緣能發萌
연의 법칙 걸림 없어야　於緣不相礙
곧 생과 불생이 생긴다　當生生不生

제19조 구마라다(鳩摩羅多) 존자

월씨(月氏) 국가 사람으로 바라문의 아들이었다. 구마라다의 전법게송은 다음과 같다.

마음의 성품은 본래 생김이 없지만　性上本無生
마음을 찾는 사람을 위하여 설한다　爲對求人說
법도 본래부터 터득할 바가 없으니　於法旣無得
깨치고 깨치지 못함 어찌 걱정하랴　何懷決不決

제20조 사야다(闍夜多) 존자

북천축(北天竺) 국가 사람으로 수많은 사람들을 교화하였다. 사야다 존자의 전법게송은 다음과 같다.

말을 듣자마자 무생법 깨치면	言下合無生
법계의 성품과 똑같이 되리라	同於法界性
만약 이렇게 이해하게 된다면	若能如是解
이와 사의 궁극을 터득하리라	通達事理竟

제21조 바수반두(婆修盤頭) 존자

  나열성(羅閱城) 사람으로 종성은 비사카(毘舍佉)이고 아버지의 이름은 광개(光蓋)이며 어머니의 이름은 엄일(嚴一)이었다.

거품과 허깨비 모두 없다는데	泡幻同無得
어찌해 깨치지 못한단 말인가	如何不了悟
법이 그 가운데 있는 줄 알면	達法在其中
과거도 없으면서 현재도 없네	非今亦非古

제22조 마노라(摩拏羅) 존자

  나제(那提) 국가 사람으로 상자재왕(常自在王)의 아들로 이름은 대력존(大力尊)이고 아버지 상자재왕의 이름은 다만(多滿)이었다. 마노라의 전법게송은 다음과 같다.

| 마음이 온갖 경계 따르지만 | 心隨万境轉 |
| 따르는 곳이 실로 그윽하다 | 轉處實能幽 |

경계를 따라 심성을 깨치니 隨流認得性
기쁨도 없고 근심도 없다네 無喜復無憂

제23조 학륵나(鶴勒那) 존자

월씨(月氏) 국가 사람으로 바라문족 출신이다. 아버지의 이름은 천승(千勝)이고 어머니의 이름은 금광(金光)이었다. 학륵나 존자의 전법게송은 다음과 같다.

마음의 성품을 깨칠 때면 認得心性時
부사의라 말할 수 있다네 可說不思議
분명하나 얻을 수가 없고 了了無可得
얻을 때는 안다고 못하네 得時不說知

제24조 사자(師子) 존자

중인도 사람으로 바라문족 출신이다. 사자 존자의 전법게송은 다음과 같다.

지견을 있는 그대로 말하자면 正說知見時
지견이란 모두가 그 마음이다 知見俱是心
본래 마음이 그대로 지견이요 當心卽知見
지견이란 곧 지금 그대로이다 知見卽于今

제25조 바사사다(婆舍斯多) 존자

계빈(罽賓) 국가 사람으로 바라문족 출신이다. 아버지의 이름은 적행(寂行)이고 어머니의 이름은 상안락(常安樂)이었다. 바사사다 존자의 전법게송은 다음과 같다.

성인께서 지견을 말씀하지만　聖人說知見
그 경계엔 옳고 그름이 없네　當境無是非
내가 지금 깨친 참 성품에는　我今悟眞性
깨침도 없고 또 도리도 없네　無道亦非理

제26조 불여밀다(不如密多) 존자

남인도 국왕의 태자로서 본래의 이름은 득승(得勝)이었다. 동인도에서 출가하여 그곳의 외도를 제도하였다. 불여밀다 존자의 전법게송은 다음과 같다.

참 성품이 마음에 있지만　眞性心地藏
머리도 없고 꼬리도 없네　無頭亦無尾
인연 따라 중생 교화하니　應緣而化物
방편상 지혜라 할 뿐이네　方便呼爲智

제27조 반야다라(般若多羅) 존자

동인도 사람으로 바라문족 출신이었다. 불여밀다 존자로

부터 법을 받고 남천축의 향지국왕을 교화하였다.

마음에서 모든 종자가 생겨나되 心地生諸種
이와 사를 말미암아 생겨난다네 因事復因理
열매가 맺히면 보리가 원만하듯 果滿菩提圓
꽃이 피어나면 세계도 일어난다 花開世界起

제28조 보리달마(菩提達磨) 존자

　남천축 향지국왕의 세째 왕자로서 본래 이름은 보리다라였다. 반야다라의 법을 잇고 보리달마라 하였다. 부처님의 정법안장을 중국에 전래하여 중국선종의 여명을 개척하였다. 보리달마는 혜가라는 제자를 얻었는데 그 전법게송은 다음과 같다.

내가 일부러 이 땅을 찾아온 것은 吾本來此土
전법하여 중생을 건지기 위함이다 傳敎救迷情
한 꽃봉오리에 다섯 개 꽃잎 피니 一花開五葉
다섯 개의 열매 저절로 맺혀 가네 結果自然成

3) 동토 6조의 전법상승

(1) 동토의 초조 보리달마(菩提達磨) 대사

보리달마는 인도의 제28대 조사이다. 6세기 초에 중국에 도래하여 대승의 선법을 전래한 조사로서 동시에 중국 선종의 초조가 되었으며 후에 성주대사(聖胄大師)라는 시호를 받았다.

달마는 남인도 사람으로서 대바라문 국왕의 셋째 아들이었다. 신지가 투철하고 들은 바는 모두 깨쳤다. 대승불교에 뜻을 두었기 때문에 출가하여 불도를 받아 일으키고 마음을 반야의 무위적정(無爲寂靜)에 두고 세간을 관찰하여 불교와 외도의 모든 전적에 통달하였으며 덕이 높아 세간의 사람들을 초월히였다. 그러나 인도의 불교가 점차 쇠퇴해 가는 것을 슬퍼하여 마침내 멀리 산과 바다를 건너 정법을 계승시키기 위하여 중국에 건너왔다. 소박하고 정직한 마음을 지닌 사람들은 모두 귀의하였지만 이견을 가진 사람들은 달마의 뜻을 몰라보고 그를 비방하였다.

그 때에 도육과 혜가의 두 승려는 젊어서부터 훌륭하고 고매한 뜻을 품어 스승을 만나게 된 것을 기뻐하여 수년 동안 정성껏 섬기면서 겸허하게 가르침을 받아 스승의 정신을 잘 계승하여 마음으로부터 체득하였다. 달마는 그들의 정성에 감동하여 불도의 참 진리를 가르쳤는데 그것은 여법하게 마음을 안정시키고[如是安心], 여법하게 수행을 하며[如是發行], 여법하게 중생을 대하고[如是順物], 여법하게 공부해 나아가야 한다[如是方便]는 것이었다.

여법하게 마음을 안정시키라는 것은 벽처럼 마음을 안정시키라는 것이다. 여법하게 수행을 하라는 것은 네 가지의 실천[四行]이다. 여법하게 중생을 대하라는 것은 계율을 지켜 세간의 비난을 방지하는 것이다. 여법하게 공부해 나아가라는 것은 그러한 방법에 집착하지 않는 것이다.

달마대사의 사상의 근간은 이입사행(二入四行)에서 찾아 볼 수 있다. 이입사행은 무릇 깨침에 이르는 방법은 많지만 간략하게 말하자면 두 가지로 요약된다는 것이다. 첫째는 진리에 계합하여 깨치는 이입(理入)의 방식이고, 둘째는 불도를 실천하여 깨치는 행입(行入)의 방식이다.

첫째의 이입이란 진리에 계합하는 것으로 불법의 가르침에 의해 불교의 근본적인 취지를 깨쳐서 중생은 동일한 진성을 지니고 있지만 단지 외부에서 오는 망상에 뒤덮여 그 진성을 드러내지 못할 뿐이라고 확신하는 것이다. 그러므로 만일 망념을 제거하여 진실로 돌아가 몸과 마음을 통일하여 벽처럼 고요하게 되어 자타의 구별이 없고 범부와 부처가 본질적으로는 동일하다는 경지에 굳게 머물러 흔들림이 없고 조금도 문자개념에 의한 가르침에 휩쓸리지 않는다면 진리와 하나가 되어 분별을 떠나 진정한 고요에 도달하는데 이것을 진리를 깨쳤다고 한다.

둘째의 행입이란 불도를 실천하는 것으로 여기에는 네 가지의 실천방식[四行]이 있는데 외적인 실천은 모두 이 수행에 포함된다. 그 네 가지란 하나는 전세의 원한에 대한 실천으로 보원행(報怨行)이고, 둘은 인연에 따르는 실천으로 수연행(隨緣行)이며, 셋은 집착하여 구하지 않는 실천으로 무소구행(無所求行)이고, 넷은 법의 본성에 계합된 실천으로 칭법행(稱法行)이다.

먼저 보원행으로 전세의 원한에 대한 실천이란 수행자가 괴로움을 만났을 때 '나는 옛적부터 무한한 시간에 걸쳐서 본래의 나를 잊고 지말을 추구하여 미혹한 세계에 헤매면서 많은 원한심을 일으켜 남과 대립하여 사람들을 해쳐 왔다. 지금은 죄를 범하지는 않았지만 이 괴로움은 내 전세의 죄업이 있었기 때문이지 신이나 악마가 주는 것이 아니다' 라고 반성하면서 달게 받아들이며 원망하지 않는 것이다. 어느 경전에서는 '괴로움을 만나도 번민하지 않는다. 왜냐하면 정신이 대상을 인식하여 근본의 진리를 알았기 때문이다'고 말하기도 한다. 이러한 심경이 되었을 때 진리와 심경이 어울려 원한의 마음을 깨끗이 해결함으로써 불도에 나아가게 된다.

다음 수연행으로 인연에 따르는 실천이란 생명을 가지고 살아가는 것은 자아라는 영원한 실체가 없이 모두 인연을 따라 움직이며, 고락을 받는 것이 다 연으로부터 일어나는 것임을 아는 것이다. 만약 좋은 과보나 명예를 얻었다 해도 모두 과거의 숙명적인 원인에 의한 것이므로 지금 그것을 얻은 인연이 다하면 무로 돌아가는 것이기 때문에 기뻐해야 할 것은 아무것도 없다는 것이다. 성공과 실패는 인연에 의한 것으로 마음에는 증감이 없는 것이므로 좋은 운명에도 요동함이 없이 암묵속에서 깨침에 계합되는 것이다.

그 다음 무소구행으로 집착하여 구하지 않는 실천이란 세상사람들은 항상 미혹하여 가는 곳마다 무언가를 탐내고 그것을 구하려 하지만, 지혜로운 사람은 진실을 깨쳐 도리를 알아 세속과 반대하여 마음을 자연히 침착한 경지에 두며, 신체도 또한 운명에 맡기면서 모든 존재는 실체가 없음을 알아 이것저것을 구하지 않는 것이다. 공덕천과 흑암녀는 서로 수반하여 떨어지지 않고, 욕계·색계·무색계의 괴로운 생활은 불에 타는 집처럼 위험하여 육체가 있으면 모두가 고통인 것이다. 그 누가 안주할 것인가. 이러한 도리를 알면 일체의 존재에 대하여 욕심을 그만두고 구하는 바가 없게 된다. 경전에 '구하는 바가 있으면 다 괴롭고 구하는 바가 없으면 즐겁다' 라고 하는 것은 집착하여 구하는 바가 없음을 아는 것이 참된 도의 실천임을 말한 것이다.

마지막으로 칭법행인 법의 본성에 계합된 실천이란 법의 본성은 청정하다는 진리의 터득을 행위의 규범으로 삼는 것이다. 이 진리란 모든 현상은 공이어서 더러움도 집착함도 없으며 이것과 저것이라는 대립도 없다. 때문에 경전에서는 '진실한 이법에서 말하자면 생명을 가지고 살아가는 모든 것은 실체가 없다. 그것은 생존한다는 더러움을 초월했기 때문이다. 진실의 이법에서 말하자면 我라는 실체가 없다. 그것은 자아라는 실체의 집착을 초월했기 때문이다'고 말한다. 만약 지혜 있는 자가 이렇게 확신하여 요해한다면 반드시 가르침을 따라 실천해 나아갈 것이다. 가르침의 본체에는 모든 것을 아깝다고 보는 것이 없으므로 신체에 있어서나 목숨에 있어서나 재물에 있어서도 보시를 행하는 마음에 아까와하는 바가 없다. 자기와 상대와 보시물이 원래 공한 줄을 알아 무엇에도 의지하지 않고 끄달리지도 않고, 단지 더러움을 제거하기 위하여 모든 생명 있는 것을 도우며 형태에 집착하지도 않아 그것을 자리와 이타로 삼아 잘 깨침의 길로 이끌어 나아가는 것이다. 보시의 공덕이 이와 같은 이상 다른 다섯 종류의 바라밀도 마찬가지이다. 망상을 제거해 나가기 위하여 육바라밀다의 행을 실천하고 그것을 실천했다는 행위까지도 없는 것이 곧 법성의 본체에 계합되는 실천이다.

(2) 동토의 제2조 태조혜가(太祖慧可) 대사

대사는 무녕 사람으로 성은 희(姬) 씨였다. 태어날 때의 신기한 인연으로 이름을 광(光)이라 하였다. 나이 15세에 세간의 모든 경전을 꿰뚫어 외웠고, 30세가 되자 용문의 향산사에 잠시 머물면서 보정(寶靜) 선사를 따라 항상 정과 혜를 부지런히 닦았다. 이어 출가하여 동경의 영화사에 가서 구족계를 받았고, 32세가 되자 다시 향산사로 돌아와 보정스님을 섬겼다. 8년이 지난 어느 날 밤중에 한 신인이 광에게 '깨침을 얻으려면 남쪽으로 가거라'고 말했다. 본래의 이름은 광이었는데 신인이 나타나는 모습을 보았으므로 이로부터 신광(神光)이라 했다.

이튿날이 되자 갑자기 머리가 찢어지듯 아파서 한 스님이 뜸을 뜨려 했는데 공중에서 소리가 들렸다.
'그만 두어라. 그만 두어라. 이는 뼈를 바꾸기 위한 것이다. 예사로운 머리가 아니다.'

이에 스님이 그만 두었다. 이와 같은 사실을 스승인 보정에게 여쭙자 보정이 말했다.
'반드시 좋은 상서일 것이다. 그대의 정수리가 달라진다. 옛날의 머리가 아니로구나. 5봉이 솟고 옥으로 만든 수레가 굴러가는 모습이로다.'

이후 스승을 하직하고 남쪽으로 가서 달마를 만나 최상승의 선법을 활짝 깨치고 인가를 받았다. 이로써 혜가(慧可)라는 이름을 얻어 널리 교화를 펼쳤다. 후주의 제2대 황제인 효민왕 시대에 한 거사가 있었다. 그는 14년 동안 나이와 계절도 잊은 채 말을 하지 않았다. 그러나 혜가를 찾아와서 예배를 드리고 성명도 밝히지 않은 채 말했다.

'제자는 문둥이 병을 앓고 있으니 화상께서 저를 위하여 참회를 시켜 주십시오.'

혜가 조사께서 대답했다.

'그대는 죄를 가지고 오너라. 죄를 참회해 주리라.'
'죄를 찾아도 찾을 수가 없습니다.'
'그대의 죄는 이제 모두 참회를 마쳤다. 그대는 그저 불·법·승 삼보에 의지하기만 하라.'

거사가 다시 여쭈었다.

'화상을 뵈면 승보인 줄은 알겠으나 어떤 것이 불보이고 어떤 것이 법보입니까.'

혜가조사께서 대답했다.

'마음이 부처요 마음이 법이니 법과 부처는 둘이 아니니라. 그대는 알겠는가'
'오늘에야 비로소 죄의 성품이 안과 밖과 중간에 있지 않는 줄 알았습니다. 마음이 그렇듯이 법과 부처가 둘이 아닌 줄 알았습니다.'

혜가조사께서 그가 법기인 줄 아시고 곧 머리를 깎아주면서 말했다.
'이제 그대는 승보가 되었으니 이름을 승찬이라 하거라.'

그리고는 구족계를 주면서 말했다.
'여래께서 정법안장을 가섭에게 주셨고, 그렇게 차츰차츰 전하여 나에게 이르렀는데 내가 이제 그 정법안장을 그대에게 주고 아울러 가사를 주어서 법의 신표로 삼노라. 나의 게송을 들으라.'

본래 인연이 닿은 곳에서	本來緣有地
땅을 인해 종자가 꽃피네	因地種華生
그러나 본래 종자 없으면	本來無有種
꽃조차 결코 피지 못하네	華亦不曾生

게송을 마치고나서 다시 승찬에게 말했다.
'나는 업도(鄴都)로 가서 묵은 빚을 갚으리라.'

그리고는 훌쩍 떠나서 중생을 교화하기 34년 동안 혹은 저자 거리에서 인연에 따르고 혹은 남의 심부름을 하되 일이 끝나면 곧 돌아갔다. 이에 그 지방에서 뜻이 있는 이들은 매양 다음과 같이 권했다.
'화상은 덕이 높으신 분이므로 남의 심부름을 하지 마십시오.'

그러면 조사께서 이렇게 말했다.
'내 스스로의 마음을 다스리기 위한 것이지 다른 뜻이 없소

이다.'

이때 변화법사라는 이가 업도에서 성을 관리하면서 안현의 광구사에서 『열반경』을 강의하고 있었다. 그때 혜가조사께서 그 절에 이르니 혜가에게는 많은 사람이 모여들었으나 변화법사의 강석에는 사람이 적었다. 이에 변화법사가 혜가조사를 현령에게 다음과 같이 모함하였다.
'저 사견을 가진 사람이 와서 내 법석을 무너뜨렸습니다.'

이에 현령이 사실도 자세히 살피지도 않고 죄를 뒤집어씌워 죽이고 동북으로 70리쯤에 장사지냈는데 수명이 107세였다.

(3) 동토의 제3조 감지승찬(鑑智僧璨) 대사

대사는 수나라 때의 사람으로 신분이 불분명하여 성도 모르고 이름도 모른다. 혜가대사를 만나 심법을 얻은 뒤에 대중을 교화하여 정법을 골고루 펼쳤다. 대중 가운데 한 사미가 있었으니 나이는 겨우 14세인데 이름은 도신(道信)이라 했다. 그가 승찬조사에게 와서 절을 하고 물었다.
'어떤 것이 부처의 마음입니까.'

조사께서 대답했다.
'그대의 마음은 어떤 것인가.'
'제 마음은 지금 무심입니다.'
'그대의 마음이 무심이라면 부처님께서 달리 무슨 마음이

있겠느냐.'

그러자 다시 물었다.

'스님, 저에게 해탈법문을 설하여 주십시오.'

조사께서 대답했다.

'누가 그대를 속박했는가'

'아무도 속박한 사람이 없습니다.'

'아무도 속박한 사람이 없으면 그대는 이미 그대로 해탈한 사람이다. 그런데 어찌 다시 해탈을 구하는가'

도신이 이 말씀에 크게 깨친 승찬조사의 곁에서 8년 동안 시봉하고 길주에 가서 구족계를 받고 돌아왔다. 이에 승찬조사께서 정법안장을 전수하고 다음과 같은 게송을 설하였다.

꽃과 씨앗이 비록 땅을 말미암고 　花種雖因地
땅을 인하여 꽃과 씨앗 생기지만 　從地種花生
만약 씨앗 뿌리는 사람이 없으면 　若無人下種
꽃과 씨앗 모두 생겨나지 않는다 　花種盡無生

그리고는 혜가대사께서 교화했던 업도에 나아가 30년 동안 계속하여 교화를 펼쳤다. 이후 나부산으로 가서 2년 동안 주석하다가 사람들에게 심지법문을 설하고 수나라 둘째 임금인 양제의 대업 3년 병진년에 입적하셨다. 후에 당나라 현종황제가 감지선사(鑑智禪師)라는 시호를 내리고 탑호를 각조(覺照)라 하였다.

(4) 동토의 제4조 대의도신(大醫道信) 대사

　대사는 성이 사마(司馬) 씨이고 대대로 하남지방에서 살다가 기주(蘄州)의 광제현으로 이사를 하였다. 승찬대사의 법을 이어받은 뒤에 60년 가까이 장좌불와(長坐不臥) 수행을 하였다. 수나라 대업 13년에 대중을 이끌고 길주로 가는 길에 도적의 떼를 만나 성안에 79일 동안 갇혀 지냈다. 그때 반야경전을 독송하게 하여 도적을 물리쳤다. 이후 다시 기주로 돌아와 파두산에서 크게 선풍을 드날렸다. 어느 날 황매현으로 가는 길에 한 아이를 만났는데 수려한 모습을 보고 조사께서 물었다.
'그대의 성이 무엇인가.'
　동자가 대답했다.
'성은 있으나 예사로운 성이 아닙니다.'
'무슨 성인데 그러냐.'
'불성입니다.'
'그대 가문의 성은 없느냐.'
'그 성품이 공하기 때문입니다.'
　이에 도신조사께서 제자들에게 말했다.
'이 아이가 예사롭지 않으니 내가 멸도한지 20년 뒤에는 크

게 불사를 성취할 것이다.'

그리고는 동자의 집에 들러서 부모의 허락을 받아 제자로 삼았다. 이에 동자의 이름을 홍인(弘忍)이라 하였다.

꽃과 씨앗은 생겨나는 성품이 있어　花種有生性
땅에 의지하여 꽃의 성품은 생기네　因地華性生
일대사의 큰 인연과 믿음이 만나면　大緣與信合
마땅히 생과 불생 다같이 생겨나리　當生生不生

이후 당나라 정관에 태종황제가 대사를 초청하였으나 세 차례 모두 사양하였다. 태종황제는 조칙을 내려 초청에 응하지 않으면 목을 베어 오라고 하였다. 사자가 당도하니 대사는 목을 내밀려 잘라가라 하였다. 이에 황제가 크게 흠모하였다. 고종의 영휘 3년에 열반에 드시니 수명은 72세였다. 대종황제는 대의선사(大醫禪師)라는 시호를 내리시고 탑호를 자운(慈雲)이라 하였다. 두정륜(杜正倫)은 도신대사의 비문을 지었다.

(5) 동토의 제5조 대만홍인(大滿弘忍) 대사

길주 황매현 사람으로 성은 주(周) 씨이다. 도신대사를 만나 법을 받고 파두산에서 교화를 펼쳤다. 어느 날 노혜능이라는 거사가 찾아와서 예배를 드리자 홍인대사가 물었다.
'어디서 왔는가.'
'영남에서 왔습니다.'
'뭣하러 왔는가.'
'부처가 되고자 왔습니다.'
'영남 사람은 오랑캐이기 때문에 불성이 없는데 어찌 부처가 되고자 하는가.'
'사람에게는 남방 북방의 출신이 있지만 불성에는 남방 북방의 구별이 없습니다.'

이에 홍인대사는 야단을 치고는 방앗간으로 보냈다. 어느 날 전법의 때가 온 것을 알고는 대중에게 말했다.
'바른 법은 듣기 어렵고 거룩한 모임은 만나기 어렵다. 그대들이 오랫동안 내 곁에 있으면서 본 바가 있거든 말해보라. 내가 증명해 주리라.'

대중 가운데 신수(神秀)가 있다가 벽에다 다음과 같은 게송을 지었다.

몸은 곧 보리의 나무이고　身是菩提樹
마음은 곧 밝은 거울이다　心如明鏡臺
쉬지 말고 부지런히 닦아　時時勤拂拭
먼지가 끼지 않도록 하라　莫使惹塵埃

조사께서 이 게송을 보시고 대중에게 말했다.
'여러분이 만일 이 게송에 의해 수행하면 훗날에 해탈을 얻게 되리라.'

대중이 모두 이 게송을 외우자 혜능도 그 소식을 듣고는 느낀 바가 있어 함께 방아를 찧던 장일용(張日用)이라는 사람에게 부탁하였다. 이에 장일용이 혜능을 위하여 게송을 받아 써 주니 내용은 다음과 같다.

몸은 보리의 나무가 아니고　菩提本無樹
마음도 본래 거울이 아니네　明鏡亦非臺
본래 집착할 법조차 없는데　本來無一物
어디 곳에 먼지가 끼겠는가　何處惹塵埃

이때 조사께서 그 게송을 보시고 속으로 만족하였다. 그리고 삼경에 남몰래 혜능을 불러 깨침을 인가하시고 다음과 같은 전법게송을 설해 주었다.

어떤 사람이 씨앗을 뿌리니　有情來下種
땅을 인하여 열매가 열리네　因地果還生
사람이 없으면 씨앗도 없어　無情旣無種
성품도 없고 생겨남도 없네　無性亦無生

홍인조사께서 법을 전하신 뒤 고종황제 24년 임신년 2월 16일 열반에 들었다. 세수 74세이고 대종황제가 대만선사(大滿禪師)라는 시호를 내리고 탑은 법우(法雨)라 하였다.

(6) 동토의 제6조 대감혜능(大鑑慧能) 대사

조계혜능(曹溪慧能 638-713)은 속성이 노(盧) 씨이고 신주(新州) 사람이며 아버지의 이름은 행도(行滔)이다. 『금강경』의 구절을 듣고 발심하여 황매현으로 홍인대사를 찾아갔다. 24세 때 홍인으로부터 깨침을 인가받고 의발(衣鉢)을 전수하여 남방으로 가서 16년 동안 오후보림(悟後保任)하였다. 39세 때 인종(印宗) 법사를 만나 법성사(法性寺)에서 구족계를 받고 중국 선종의 제6대 조사로 등극하였다. 이듬해 제지사(制旨寺)를 떠나 조계의 보림사(寶林寺)로 가서 설법하고 크게 교화를 펼쳤다.

그 무렵 신룡 원년에 측천효화(則天孝和) 황제께서 대사를 초청하였다.

'짐이 정성껏 대사의 도를 흠모하고 있소. 여러 산문의 대사를 내도량에 모셨는데 신수대사와 혜안대사가 으뜸이었소. 짐이 매양 법을 물으면 사양하면서 남방의 대사를 추천하였소. 대사께서는 홍인대사의 수기를 받고 달마대사의 의발을 받았으며 최상승법을 깨쳤다는데 이제 내도량에 모시어 법문을 듣고자 하오. 짐이 듣건대 여래께서 마음의 법을 마하가섭에게 전해졌고, 다시 차츰차츰 전하여 달마대사에게 이르러 그 가르침이 동토에 전해져서 대대로 이어받아 지금껏 끊이지 않고 있다고 하였소. 대사께서는 이미 법을 받으셨으니 내도량에 오셔서 교화를 베풀어 승속을 귀의케 하고 천상과 인간이 우러르게 하시오. 그러므로 이제 중사인 설간(薛簡)을 보내어 영접하니 바라건대 대사께서는 빨리 왕림하시기 바라오.'

이에 혜능대사가 다음과 같이 표를 올렸다.
'사문 혜능은 변방에 태어나 성장해서 도를 흠모하다가 과분하게도 홍인대사에게 여래의 심인(心印)과 인도의 의발을 전해 받고 동산(東山)의 불심을 이었습니다. 이에 또 천은을 받자와 중사인 설간(薛簡)을 보내시어 혜능을 대궐로 들라 하시오나 혜능은 오래 산 속에서 살다가 나이가 많아 풍질을 앓게 되었습니다. 폐하께서는 덕이 만물을 감싸시고 도가 만방에 퍼지사 백성을 양육하시고 어리석은 백성을 어루만져 주십니다. 은혜가 하늘 밑에 가득하시사 불제자들을 후대하시니 혜능으로 하여금 산에 살면서 병을 고치고 도업을 닦아 위로 황제 폐하의 은혜와 여러 왕태자의 은혜를 갚도록 용서해 주시옵기 바라오며 삼가 표를 올리나이다. 석혜능(釋慧能)은 머리를 조아려 사뢥니다.'

이때 중사 설간(薛簡)이 조사께 여쭈었다.

'제가 대궐에 돌아가면 성상께서 반드시 하문하실 터인데 바라건대 화상께서 마음의 요체를 지시해 주셔서 성상과 서울의 여러 도를 배우는 이들에게 전갈하게 해 주소서, 마치 한 등불이 백 천 등불을 비치면 어둡던 곳이 모두 밝아서 밝음과 밝음이 다함이 없는 것 같게 하소서.'
'모든 밝음과 어둠은 없다. 밝음과 어두움은 바뀐다는 뜻이다. 밝음과 어둠이 다함이 없다는 것 역시 다함이 있나니 상대해서 이루는 이름이기 때문이다. 그러므로 경전에서는 법은 견줄 곳이 없나니 상대가 없기 때문이라고 하셨느니라.'

설간이 다시 사뢰었다.

'밝음은 지혜에 견주고, 어두움은 번뇌에 견줄 수 있으니, 도를 배우는 사람이 지혜로써 생사의 번뇌를 비추지 않으면 어찌 벗어날 수 있으리까.'

조사께서 대답했다.

'번뇌가 곧 보리이니 둘도 없고 다름도 없기 때문이다. 지혜로써 번뇌를 비춘다는 것은 이승들의 견해다. 지혜가 있는 이는 끝내 그렇지 않느니라.'
'어떤 것이 대승인의 견해입니까.'
'『열반경』에서는 「밝음과 어두움을 범부는 둘이라 보지만 지혜로운 이는 그 성품이 다르지 않음을 깨친다. 다르지 않는 성품이 곧 진실한 성품이니, 범부에게 있어서도 줄지 않고, 성인에게 있어서도 늘지 않고, 번뇌에 있어서도 어지럽지 않고 선정에 있어서도 고요하지 않다. 아주 없음도 아니요 아주 있음도 아니요 감도 아니요 옴도 아니요 중간과 안팎에 있지도 않아서 나지도 않고 멸하지도 않은 채 성품과 현상이 항상 머물고 영원히 변치 않으므로 도라 한다」고 하였느니라.'

'스님께서 말씀하신 나지도 낳고 멸하지도 않는다고 하는, 그 불생불멸은 외도가 말하는 불생불멸과 어떻게 다릅니까.'

'외도가 말하는 불생불멸은 생으로써 멸을 멈추려 하니, 멸해도 멸함이 아니거니와 내가 말하는 불생불멸은 본래부터 나지 않고 지금 멸하는 것도 아니다. 그러기에 외도와도 같지 않느니라. 중사께서 마음 자리를 깨치고자 하거든 온갖 선과 악을 도무지 생각하지 말면 자연히 마음 바탕이 조용해지고 항상 고요하며 묘한 작용이 항사와 같으리라.'

이때 설간이 조사의 설법을 듣자 활짝 깨치고 몇 번 거듭 거듭 조사께 절을 한 뒤에 말했다.

'제자가 오늘에야 비로소 불성은 본래부터 있는 것임을 알았습니다. 지난날에는 퍽 아득하고 멀다고만 여겼었습니다. 오늘에야 비로소 지극한 도는 멀리 있지 않아서 행하면 곧 이룰 수 있음을 알았습니다. 오늘에야 비로소 열반은 멀리 있지 않아서 눈에 띄는 것 모두가 보리임을 알았습니다. 오늘에야 비로소 불성은 선과 악을 생각지 않으며, 생각도 없고 분별도 없고 조작도 없고 머무름도 없고 함도 없는 것임

을 알았습니다. 오늘에야 비로소 불성은 영원하여 변치 않고 모든 경계에 끄달리지 않는 것임을 알았습니다.'

중사가 조사께 절을 하여 하직하고 표를 가지고 대궐로 돌아갔다. 후에 회답 조서가 내려졌는데 다음과 같다.
'대사께서 늙음과 병을 핑계로 짐을 위해 도를 닦겠다 하니 나라의 복밭이외다. 대사는 마치 정명(淨名)이 병을 핑계하여 금속(金粟) 여래의 후신으로서 거룩한 가르침을 펴고, 부처님들의 마음을 전하여 불이법(不二法)을 이야기하되 비야리에서 입을 다무니 성문은 꾸지람을 받고 보살은 자리를 피한 것 같소이다. 대사께서도 그러하셔서 설간이 대사의 가르침을 전해 주심으로써 여래의 지견(知見)을 받잡게 하시되 온갖 선과 악을 도통 생각지 않으면 자연히 마음과 본체가 적적하고 항상 조용하며, 묘한 작용이 항하사 같음을 알게 하셨소이다. 짐이 선을 닦은 경사로운 후손인가, 숙세에 복된 인연을 심은 공덕인가, 대사께서 세상에 나심을 만나 최상의 불심을 활짝 깨치게 되니, 짐은 첫째로 대사의 은혜에 감사하여 받들어 수행해서 영원히 잊지 않으려 하오. 삼가 마납 가사 한 벌과 금 바루 한 벌로써 대사께 공양하오.'

그 뒤에 중흥사(重興寺)라는 사액(寺額)을 내리고 또 혜능이 살았던 신주(新州)의 옛집을 국은사(國恩寺)로 고쳐 꾸미게 하였다.

조사께서 항상 여러 선지식들에게 말씀하셨다.

'여러분의 자심(自心)이 부처이니, 다시는 의심치 말라. 밖에는 한 물건도 따로 건립된 것이 없다. 근본 마음에서 만 가지 모든 법이 생기는 것이다. 그러므로 경에 말씀하시기를 「마음이 생기므로 갖가지 법이 생기고 마음이 변하므로 갖가지 법이 멸한다」 하였다. 그러므로 그대들은 모름지기 일상삼매(一相三昧)와 일행삼매를 알아야 한다. 일상삼매란 것은 온갖 곳에서 형상에 머무르지 않고, 그 형상에 대하여 미움도 사랑도 없으며, 갖지도 버리지도 않으며, 이롭다고도 생각하지 않고 흩어버리겠다고도 생각하지 않고 저절로 안락하기 때문에 일상삼매라 한다. 일상삼매라 함은 온갖 곳에 다니고 멈추고 앉고 눕는 것 모두가 하나의 곧은 마음이 되어 그대로가 도량이며 그대로가 정토인 것이다. 이것을 일행삼매(一行三昧)라 한다. 마치 땅에 종자가 있는 것 같이 모든 것을 머금어 갈무리하듯이 마음의 삼매도 그러하다. 내가 설법하는 것은 비와 같고 그대들에게 불성이 있는 것은 땅속에 씨앗이 있는 것 같으니 만일 법우(法雨)를 만나면 제각기 붙어서 자랄 것이다. 내 말을 믿는 이는 결정코 보리를 이룰 것이요, 나를 의지해서 수행하는 이는 결정코 거룩한 과위를 얻을 것이다. 내가 이제 이 의발을 전하지 않으려는 것은 대중이 믿어 마음에 의혹이 없어졌기 때문이다. 마음의 요법을 두루 전하노니, 제각기 힘에 따라 교화를 펴라. 옛날에 나의 스승께서 말씀하시기를 「나의 뒤로부터는 이 옷을 받은 이는 생명이 위태로우리라」 하셨으니, 나는 도덕으로 교화할지언정 그대들을 해치지 않겠다. 그대들은 나의 게송을 들으라.'

그리고는 다음과 같이 열반송을 읊었다.

마음에 모든 종자 머금으니 　心地含諸種
단비에 모두 싹이 피어나네 　普雨悉皆生
꽃의 마음 단번에 깨친다면 　頓悟花情已
보리의 열매 저절로 맺히네 　菩提自然成

조사께서 게송을 읊으시고 대중에게 말씀하셨다.
'그 성품은 둘이 없고 그 마음도 그렇다. 그 도는 청정하고 여러 형상 또한 없다. 그대들은 깨끗하다고 보지도 말고 그 마음을 비우지도 말라. 이 마음은 본래 깨끗하고 또 잡을 수도 없다. 그대들은 제각기 노력하되 인연을 따라 잘들 가거라.'

그때 조사께서 세상에 머물러 설법하시기 37년이었다. 세수는 76세이다. 중종황제께서 대감선사(大鑑禪師)라는 시호를 내리고, 탑호를 원화영조(元和靈照)라 하였다.

2. 조동선 전법의 상승

1) 조동선맥의 원류

(1) 혜능대사의 수제자 - 청원행사 -

청원행사(靑原行思 ?-740)는 길주 안성 사람으로 성은 유(劉)씨였다. 육조혜능 대사를 뵙고 여쭈었다.
'마땅히 어떻게 수행해야 수행의 지위에 집착하지 않을 수 있습니까.'
혜능대사가 물었다.
'그대는 이전에 어떤 수행을 했는가.'
'성제제일의(聖諦第一義)의 수행에조차 집착이 없습니다.'
'그래서 그대는 어떤 지위에 올랐는가.'
'성제제일의의 수행에조차 집착이 없는데 무슨 지위에 머물러 있겠습니까.'
이에 혜능대사는 행사가 법기(法器)임을 알아보고 언제나 대중의 우두머리로 삼았다. 이것은 마치 혜가가 아무런 말을 하지 않아도 달마대사가 자신의 골수를 얻었다고 인가한 것과 마찬가지였다. 후에 혜능의 입적이 가까워졌을 무렵 한 사미가 찾아왔다. 그러나 혜능은 세연이 다한 줄 알고 사미를 끝까지 거두어주지 못함을 안타깝게 여겼다. 이에 사미가 여쭈었다.
'화상께서 열반에 두시면 저는 누구를 의지해야 하겠습니까.'
'내가 없는 대신에 그대는 행사를 찾아가거라.'

그 사미가 곧 후에 청원행사의 법을 계승한 석두희천(石頭希遷)이었다. 청원행사는 석두희천에게 법을 전하고 법당에서 설법을 마친 후에 가부좌의 자세로 열반에 들었다. 희종황제가 홍제선사(弘濟禪師)라는 시호를 내리고 탑호를 귀진(歸眞)이라 하였다.

(2) 청원행사의 전법제자 - 석두희천 -

석두희천(石頭希遷 700-790)은 길주 청원행사의 법을 이었고 남악에서 살았다. 단주(端州)의 고요(高要) 사람으로 성은 진(陳) 씨이고 이름은 희천이다. 태중에 있을 때에 어머니가 비린내와 누린내를 끊었고 탄생할 때엔 방안에 광명이 가득하였다. 당시에 그 마을에서는 모두가 미신을 숭상하여 희생물을 바치면서 복을 빌었는데 희천은 제단을 헐고 희생물을 빼앗으며 미신의 행위를 부정하였다. 이후 십여 년이 지나니 모두가 절로 돌아와 더욱 깨끗한 업을 닦기 시작했다.

이때 육조혜능은 정법을 펴고 계셨는데 희천은 혜능대사

가 거주하는 신주(新州)로부터 가까운 곳에서 살았으므로 자주 찾아가서 뵐 기회가 있었다. 육조께서 한 번 보자마자 기뻐하고 머리를 만지면서 말했다.
'그대가 나의 참 법을 잇게 될 것이니라.'

그리고는 공양을 함께 하면서 출가하기를 권하여 머리를 깎고 속세를 떠났다. 개원(開元) 16년에 나부산(羅浮山)에서 구족계를 받고 율부(律部)를 공부하다가 장점과 단점을 발견하고 분연히 다음과 같이 탄식했다.
'자신의 청정한 성품이 계의 본체이다. 부처님들은 지음이 없거늘 어찌 생겨남이 있으랴.'

이로부터는 조그마한 절제에 구애되지 않고 문자에 얽매이지 않았다. 또 승조의 『열반무명론(涅槃無名論)』을 읽다가 「만상(萬像)을 망라하여 자기로 삼는 것은 성인뿐이다」라는 곳에 이르러 다음과 같이 찬탄했다.
'성인은 자기가 없으되 자기 아닌 것이 없고, 법신은 한량이 없으니 누가 나와 남을 분별하겠는가. 둥근 거울에 비치면 만상(萬像)의 현묘한 본체가 저절로 나타난다. 경계와 지혜가 진실로 하나이거니 어찌 가고 옴이 있으랴. 참으로 장하도다, 이 말씀이여.'

일찍이 산골 초막에서 잠시 졸다가 꿈을 꾸었는데 자신이 육조와 한 마리의 거북을 타고 깊은 연못 위를 오갔었다. 꿈에서 깨어나 다음과 같이 생각하였다.

'거북이는 신령한 지혜요, 연못은 성품의 바다이니, 나와 우리 스님은 함께 성품의 바다에 왕래한 지가 오래되었다.'

육조께서 임종하실 때 선사께서 물었다.

'화상께서 입적하신 뒤에는 저는 누구에게 의지해야 합니까.'

육조께서 대답했다.

'사(思)를 찾거라'

육조께서 입적하시자 곧바로 청량산 정거사(靜居寺)로 청원행사 스님을 찾아뵙고 정성을 다하여 인가를 받았다. 당나라 천보 연간 초에 형산의 남사(南寺)에 추거되어 그것에 주석하였다. 절의 동쪽에 넓은 바위가 있었는데 거기에 초암을 짓고 살았으므로 석두화상(石頭和尙)이라 불렀다.

어느 날 다음과 같은 상당설법을 하였다.

'내 가르침은 예전부터 부처님께서 전수해주신 것이다. 그래서 선정과 정진에 집착하여 논함이 없이 불지견을 통달하면 곧 그 마음이 부처가 된다. 그래서 본래의 청정한 마음과 부처와 중생과 보리와 번뇌가 이름만 다르지 그 본체는 동일하다. 그대들은 잘 알아야 한다. 자기의 마음은 신령스러운 체성으로 본래 단상(斷常)을 벗어나 있어 그 성품에 더럽다든가 청정하다는 분별이 없고 담연하고 원만하여 범부와 성인이 똑같아서 그 작용에 방소가 없고 심의식(心意識)을 벗어나 있다. 그리고 삼계와 육도는 모두 자심이 드러난 것으로 마치 물 위에 비친 달모습과 거울에 비췬 형상과 같은 것이니 어찌 생멸이 있겠는가. 그대들이 이와 같은 도리를 자각하기만 하면 본래부터 갖추지 못함이 없다.'

약산이라는 스님이 앉아서 좌선을 하고 있었다. 이에 석두대사께서 물었다.
'여기서 무엇을 하는가.'
약산이 대답했다.
'아무 것도 하지 않습니다.'
'그렇다면 한가롭게 앉아있는 것이로구나.'
'한가롭게 앉아있다는 것도 역시 어떤 행위를 하는 것이 되는 것입니다.'
'그러면 그대는 아무것도 하지 않는다는데 아무것도 하지 않는다는 그것은 도대체 무엇인가.'
'아무것도 하지 않는 그 도리는 천 명의 성인조차 모르는 겁니다.'

이에 선사께서 게송으로 찬탄하였다.

이전부터 함께 있었건만 이름조차 모르는데	從來共住不知名
제멋대로 언설과 형상으로 무엇을 어찌하랴	任運相將作摩行
예로부터 성현들조차 알지 못하는 도리인데	自古上賢猶不識
수행경력이 미천한 무리들이 어찌 알겠는가	造次常流豈可明

선사께서 당의 정원(貞元) 6년에 입적하시니 세수가 91세

이고 법랍은 63세였다. 희종황제께서 무제(無際)라는 시호를 내리고 탑호는 견상(見相)이라 하였다.

(3) 석두희천의 전법제자 - 약산유엄 -

약산유엄(藥山惟儼 745-828)은 석두의 법을 이었고 낭주에서 살았다. 이름은 유엄이고 성은 한(韓)씨이며 강주(江州)에 살다가 나중에 남강으로 이사하였다. 17세에 조주(潮州)의 서산혜조(西山慧照) 선사를 섬긴 후에 형악(衡岳)에서 희조(希澡) 율사에게 계를 받았다. 이후 심법을 터득하고자 석두 대사에를 뵙고 현묘한 뜻을 은밀히 이어 받았다. 선사는 정원(貞元) 초에 예양(澧陽)의 작약산(芍藥山)에 살았기 때문에 약산화상이라 불리웠다.

유엄스님은 처음에 거주지가 없어서 마을의 외양간을 얻어 승당(僧堂)을 만들어 좌선수행이 힘썼다. 얼마 가지 않아 스무 명 정도가 모였다. 소문을 듣고 점차 사람들이 모여들자 장소가 비좁아 뒷산에 올라가 조그마한 암자를 짓고 약산스님을 상석에 모시고 설법을 들었다.

정승이었던 이고(李翶)가 화상을 뵈러 왔는데 화상은 경전만 보고 돌아본 체도 하지 않으니 이고가 절은 하지도 않고 비꼬는 말을 하였다.

'얼굴을 보니 천 리에서 듣던 소문과는 영 딴판이로구나.'

이에 선사가 이고를 불렀다. 이고가 엉겁결에 대답을 하니 선사가 말했다.
'어째서 그대는 귀만 소중히 여기고 눈은 천하게 여기는가.'
이고가 얼른 절을 하고 물러나서 물었다.
'어떤 것이 도입니까.'
선사께서 하늘을 가리켰다가 다시 물병을 가리키고서 말했다.
'구름은 하늘에 떠 있고 물은 물병에 들어 있소.'
그러자 이고가 예배를 드리고나서 다음과 같은 게송을 읊어 찬탄하였다.

수행으로 다진 몸은 학처럼 고상하고 練得身形似鶴形
천 그루 솔밭에는 몇 권의 경 뿐이네 千株松下兩函經
스님께 도를 물으니 별말씀 없으시고 我聞師道無餘說
구름은 청천하늘 물은 물병이라 하네 雲在靑天水在瓶

약산의 다른 제자였던 천황도오(天皇道悟)는 백장의 제자로 있는 운암담성(雲岩曇晟)에게는 속가의 친형이었다. 그러나 동생이었던 운암이 먼저 출가하여 백장회해(百丈懷海)의 제자로 있었다. 늦게 출가한 도오는 약산의 제자로 있으면서 운암에게 편지를 썼다.
'석두는 순금을 파는 가게[眞金鋪]이고 마조는 잡화를 파는

가게[雜貨鋪]인데 그대는 거기에 뿌리를 내리고 무엇을 하려는가. 바라건대 속히 이 곳으로 오시게나.'

운암이 이 편지를 받고 근심에 사로잡혀 있으니 백장이 물었다.
'네게 무슨 일이 있기에 얼굴이 거칠고 여위어 마치 배고픈 사람 같은가. 아프거든 말을 하라.'
'아무 일도 없습니다.'
'그렇다면 도오의 편지를 받은 것이 아니냐.'

이리하여 백장은 운암의 성품으로 보아 약산의 제자가 되면 크게 출세할 것을 알고는 약산에게 보냈다. 이로써 운암은 약산의 제자로서 인가를 받았다.

운암이 약산선사께 목욕을 하시라고 청하니 선사께서 대답했다.
'나는 목욕을 않겠다.'
'어째서 목욕을 않겠다는 겁니까.'
'때가 없기 때문이다.'
'때가 없어도 목욕은 하셔야 됩니다.'
'이 중생아, 글쎄 때가 없다는데 번거롭게 목욕은 해서 무엇 하겠는가.'

이에 운암이 말했다.
'그러나 온 몸에 더러운 것이 끊임없이 흘러나오는 여러 구멍이 있으니 어찌한단 말입니까.'

선사께서 태화 8년 어느 날 대중에게 다급하게 외쳤다.
'법당이 쓰러진다. 법당이 쓰러진다.'

대중이 그 뜻을 헤아리지 못하고 무서워서 얼른 물건을 들고 나가 버렸다. 그러자 선사께서 손벽을 치면서 깔깔 웃고 말했다.
'그대들은 내 말의 뜻을 모르는구나.'

그리고는 열반에 드시니 세수가 84세이고, 법랍은 65세였다. 시호는 홍도대사(弘道大師)이고 탑호는 화성(化城)이었다.

(4) 약산유엄의 전법제자 - 운암담성 -

운암담성(雲岩曇晟 782-841)은 약산의 법을 이었고 담주의 예릉현(醴陵縣)에 있었다. 이름은 담성(曇晟)이고 성은 왕(王)씨이며 본시 종릉(鍾陵)의 건창현(建昌縣) 사람이었다. 석문(石門)에서 출가하였고 처음 백장(百丈)에게 참문하여 십 수년간 입실하였으나 백장의 배려로 약산에게 참문했다.

어느 날 약산이 운암에게 물었다.
'듣자하니 그대는 사자를 잘 데리고 논다던데 그게 사실인가.'

운암이 대답하였다.
'예, 사실입니다.'

'그러면 사자를 데리고 노는 재주가 몇 가지나 되는가.'
'여섯 가지의 재주를 가지고 있습니다.'
'나도 그대처럼 사자를 데리고 놀 줄 안다.'
'화상께서는 몇 가지 재주가 있는 겁니까.'
'나는 딱 한 가지뿐이다.'
'그 하나가 곧 여섯이고 여섯이 곧 하나입니다.'

운암이 건당을 한 후에 여러 제자를 거느리고 있었다. 어느 날 신발을 삼고 있는데 동산이라는 제자가 물었다.
'저는 화상에게 눈동자를 얻으러 왔는데 저한테 하나 나누어 주시겠습니까.'
'그대의 눈동자는 누구에게 주고서 나한테서 찾는단 말인가.'
'저한테는 본래 없었습니다.'
'본래 있었을 터인데 그것을 어디다 두고 여기에서 찾는단 말인가. 그리고 설령 내가 그대에게 나누어준들 어디에 붙인단 말인가.'

그러자 동산은 아무런 말도 하지 못했다. 이에 운암이 다시 말했다.
'그대가 나한테 눈동자를 달라고 한 것이 정작 사물을 보는 눈을 말함이었더냐.'
'그런 눈이 아니었습니다.'

그러자 운암이 크게 꾸짖으면서 내쫓았다. 그래서 동산이 하직을 고하자 운암선사가 물었다.

'어디로 가려는가.'
'비록 화상을 하직을 고하지만 아직 머무를 곳을 정하지는 못했습니다.'
'호남(湖南)으로 가려는 것이 아닌가.'
'아닙니다.'
'그러면 속가로 돌아가려는 것이 아닌가.'
'아닙니다.'

이에 선사께서 소리를 높여 말했다.

'어떻든 빨리 다시 돌아오너라.'
'화상과 함께 길이 머무를 명분이 생기면 그때 다시 돌아오겠습니다.'
'이제 이렇게 헤어진 뒤로는 다시 만나기 어렵겠구나.'

이에 동산(洞山)이 그렇지 않다는 시늉을 하며 말했다.

'이제 이렇게 헤어진 뒤로는 만나지 않기 어렵겠습니다.'

동산이 행각을 하던 중에 위산영우(潙山靈祐)를 친견하고 물었다.

'제가 예전에 들은 바에 의하면 남양혜충 국사께서 무정설법(無情說法)을 말씀하셨다고 합니다. 그 말을 들은 뒤로는 항상 그 깊은 뜻을 찾고자 했는데 이제 그 소원이 여기서 이루어지게 되었습니다.'

위산이 돌아보고 빙그레 웃으면서 말했다.

'그대는 어디서 그 말을 들었는가.'

동산이 그간의 사정을 자세히 설명하자 위산이 말했다.
'나에게도 무정설법이 조금은 있다. 그러나 그 무정설법을 감당할 사람을 만나지 못했을 뿐이지 내가 법에 인색해서가 아니니라.'
'그렇다면 지금 저에게 보여 주십시오.'
'부모의 인연으로 생긴 입으로는 말할 수가 없느니라.'
이에 동산이 정색을 하고 물었다.
'화상처럼 도를 흠모하신 분이 또 계십니까.'
위산이 대답했다.
'여기서 예릉현 가까이 가면 석실과 마주 인접한 곳에 운암이라는 도인이 있다. 그러니 만일 부지런히 찾아가면 반드시 그대가 존중할 사람이 될 것이다.'
이에 동산이 운암을 찾아가 물었다.
'무정설법은 도대체 어떤 사람이 듣습니까.'
'무정설법은 무정물이 듣느니라.'
'그러면 화상께서는 들으셨습니까.'
'내가 만일 들었다면 그대는 나를 보지 못했을 것이니라.'
'그렇다면 저는 결국 화상의 설법을 들을 수 없다는 말입니까.'
'나의 설법도 알아듣지 못하거늘 하물며 무정의 설법인들 들을 수 있겠는가.'
동산이 이에 의심을 해결하고는 깨침을 얻었다.
동산은 운암이 입적하신 뒤에 재를 지내기 위해 밀사백

(密師伯) 사형과 함께 위산으로 가는 도중에 담주에 이르러 큰 개울을 건너게 되었다. 밀사백 사형이 먼저 건너고 동산은 아직 개울을 다 건너기 전이었는데 우연히 물에 어려 비췬 자기 그림자를 보고 예전 일을 크게 깨쳤다. 그리고는 안색이 평소와는 달리 크게 변하면서 깔깔거리고 웃었다. 이에 밀사백 사형이 물었다.

'무슨 일인데 웃는 것인가.'

'돌아가신 스승님의 고요한 힘을 터득하였습니다.'

'그렇다면 그에 대한 시가 있어야 하겠구려.'

이에 동산이 과수게(過水偈)로 알려진 자신의 오도송을 읊었다.

운암선사께서는 회창 신유년 초에 병환의 모습을 보이셨다가 10월 27일 입적하셨다. 시호는 무주대사(無住大師)이고 탑호는 정승(淨勝)이었다.

2) 조동선맥의 형성

(1) 운암의 전법제자 - 동산양개 -

동산양개(洞山良价 807-869)는 회계(會稽)사람으로 성은 유(兪) 씨이고 이름은 양개이다. 어린 나이에 집 가까운 절에 가서 스님을 따라 『반야심경』을 암송하다가 안·이·비·설·신·의(眼·耳·鼻·舌·身·意)가 없다는 부분에 이르러 갑자기 자기의 얼굴을 만지면서 스님에게 물었다.
'저한테는 눈·귀·코·혀·몸·생각 등이 모두 있는데 어째서 없다고 하는 겁니까.'

스님은 깜짝 놀라서 답변을 하지 못하고 오설산(五洩山)의 영묵(靈黙) 대사에게 소개하여 머리를 깎게 하였다. 이로써 21세에는 숭산에 가서 구족계를 받았다.

이후 제방으로 유행을 하다가 남전보원(南泉普願 748-834)을 참례하였다. 마침 남전의 스승인 마조도일(馬祖道一 709-788) 대사의 기일이어서 재를 준비하고 있었는데 남전이 대중에게 물었다.
'내일 마조스님의 재를 지내는데 스님이 이 자리에 찾아오실 지 모르겠구나.'

대중이 아무런 말이 없으니 동산납자가 말했다.
'동반자가 있으면 오시겠지요.'

남전스님이 말했다.
'이 납자는 잘 다듬으면 쓸만하겠구나.'

동산이 말했다.
'스님께서는 양민을 짓밟아서 천민으로 만들지 마십시오.'

제1장 조동선의 전등역사 69

이에 동산은 다시 만행을 떠나 위산영우(771-853)를 참례하였다. 거기에서 남양혜충국사의 무정설법에 대한 문답을 통하여 운암담성(雲岩曇晟 782-841) 스님을 찾아뵈었다. 이로써 다시 무정설법에 대한 문답을 통하여 깨친 바가 있어 다음과 같은 게송을 지었다.

참으로 기이하구나 참으로 기이하구나	也大奇　也大奇
무정물의 설법이여 참으로 부사의로다	無情解說不思議
귀로 듣는다면 끝내 들을 수조차 없네	若將耳聽聲不現
눈으로 소리를 들어야만 알 수 있으리	眼處聞聲方可知

그리고는 운암을 모시고 수행을 계속하였다. 어느 날 동산이 운암에게 물었다.
'저는 아직 번뇌를 다 없애지 못하였습니다.'
운암이 말했다.
'그대는 지금까지 무슨 수행을 했는가.'
동산이 답했다.
'성제제일의(聖諦第一義)조차 추구하지 않았습니다.'
운암이 말했다.
'그래, 환희는 맛보았는가.'
동산이 답했다.
'환희를 맛보았지만 그 환희라는 것은 거름간에서 일과명주

(一顆明珠)를 찾은 것과 같았습니다.'

동산은 어느 날 운암의 휘하를 떠나면서 물었다.
'화상께서 입적하신 후에 누가 스님의 영정에 대하여 묻는다면 뭐라고 답변해야 합니까.'
운암은 양구(良久)하고 나서 말했다.
'그저 그렇게 살았다고 말하거라.'
이에 동산이 그게 무슨 뜻인지 생각에 잠기자 운암이 말했다.
'양개 수좌야, 내가 말한 도리가 무슨 뜻인지 잘 살펴보고 알아차려야 한다.'

그러나 동산은 아직도 무슨 의미인지 의문에 휩싸여 있었다. 그런 뒤에 개울을 건너가다가 물에 어려 비취는 자기의 모습을 보고서 운암스님이 말씀하신 뜻을 대오하였다. 그리고는 다음과 같은 과수게로 알려진 오도송을 지었다.

남을 따라서 찾으려 하지 말라	切忌從他覓
점점 더 자신과 멀어지고 만다	迢迢與我疏
나는 이제 또 홀로 걸어가는데	我今獨自往
가는 곳마다 항상 그를 만난다	處處得逢渠
저것은 지금 바로 내가 되는데	渠今正是我
나는 지금 바로 그것이 아니네	我今不是渠

응당 다시 이와 같이 터득해야 　應須恁麽會
바야흐로 진여세계 계합하리라 　方得契如如

  이 게송은 사(事)와 편(扁)을 의미하는 아(我)와 이(理)와 정(正)을 의미하는 거(渠)가 상즉상융(相卽相融)한 도리인 제법실상의 측면을 드러낸 게송이다. 이런 점에서 위의 과수게(過水偈)는 이후에 더욱 구체적으로 발전하여 동산양개의 사상뿐만 아니라 조동선 교의의 바탕이 되었다.

  곧 동산에게서 정위각편(正位却偏)·편위각정(偏位却正)·정위중래(正位中來)·편위중래(偏位中來)·상겸대래(相兼帶來)의 이론적인 정편오위설(正偏五位說)이 출현하였고, 향(向)·봉(奉)·공(功)·공공(共功)·공공(功功)으로서 실천적인 공훈오위설(功勳五位說)이 출현하여 본격적인 동상오위설(洞上五位說)이 형성되었다. 그래서 정편오위는 교상문(敎相門)의 측면으로 선의 이론과 사상의 성격이 강하고, 공훈오위는 관심문(觀心門)의 측면으로 선의 실천과 체험의 성격이 농후하다. 동산의 조동교의는 바로 이 둘의 관계가 상호간에 열린 관계[回互]와 닫힌 관계[不回互]의 입장으로 승화된 것이었다.

  후에 동산양개가 운암스님의 기일에 재를 올리는데 어떤 승이 물었다.

'운암스님께서는 스님에게 어떤 것을 가르쳐주셨습니까.'
　동산이 말했다.
'비록 운암스님을 모시기는 했지만 아무런 가르침도 받지 못했다.'
'가르침을 받지 못했다면 재는 뭣하러 지내드리는 겁니까.'
'어찌 운암스님을 저버리겠는가.'
'스님은 처음에 남전스님께 배웠는데 어째서 운암스님께 재를 드리는 겁니까.'
'나는 운암스님의 도덕과 불법을 중시하는 것이 아니다. 다만 나한테 설법해주지 않은 점을 소중하게 여길 뿐이다.'
'그렇다면 스승에게 재를 드리는데 스승을 믿는 겁니까.'
'반은 믿고 반은 믿지 않는다.'
'어째서 전체를 믿지 못하는 겁니까.'
'전체를 믿어버리면 스승을 저버리는 꼴이 되어버리기 때문이다.'

　후에 동산양개는 당나라 대중 말년부터 신풍산(新豊山)에서 후학을 지도하였기 때문에 신풍노인이라 불리웠다. 그리고 예장(預章) 고안(高安)이 동산(洞山)에서 가르침을 크게 펼쳤다. 이후 동산양개라는 명칭이 붙었다. 그 가운데서 조산본적(曹山本寂 840-901)과 운거도응(雲居道膺 ?-902) 등 훌륭한 제자를 배출하였다. 이로부터 동산양개의 현묘한 가풍이 천하에 퍼졌으므로 제방에서는 그 선풍을 가리켜 동상종(洞上宗) 혹 동산종(洞山宗) 혹 조동종(曹洞宗)이라 불렀다.

입적이 다가오자 동산양개는 제자들에게 머리를 깨끗이 깎고 목욕을 시키며 가사를 걸치게 하고는 마침내 종을 울려 대중에게 이 세상의 작별을 고하였다. 그리고는 단정하게 가부좌를 한 채로 입적하셨다. 그때 대중들이 스승의 열반에 대하여 오랫동안 슬프게 통곡하자 동산양개 스님이 홀연히 다시 눈을 뜨더니 대중에게 말씀하셨다.

'출가사문이라면 마음에 걸리는 것이 없어야 진정한 수행이다. 죽는 것은 괴로움 삶을 마감하는 것인데 그리도 소란스럽게들 야단을 떨어 무슨 도움이 되겠느냐.'

그리고는 대중에게 어리석음을 깨우치고 수행을 경책하는 우치재(愚癡齋)를 준비하도록 하였다. 그래도 대중이 스승의 입적에 대하여 연연해하자 7일 동안 삶을 연장하였다. 7일 후에 우치재 준비가 모두 갖추어지자 다음과 같이 말씀하셨다.

'승가대중이 무사하려면 모름지기 세상을 떠날 때 야단법석을 떨지 말아야 한다.'

그리고는 방장실로 돌아가서 단정히 앉아서 입적하셨다. 이 때가 869년 3월이었다. 세수 63세이고 법랍은 42세였다. 시호는 오본선사(悟本禪師)이고 탑호는 혜각(慧覺)이다.

(2) 동산의 전법제자 - 조산본적 -

조산본적(曹山本寂 840-901)은 천주(泉州) 포전(蒲田)에서 태어났으며, 성은 황(黃) 씨이고 이름은 탐장(耽章)이다. 19세 때 복주(福州)의 영석산(靈石山)으로 출가하였고 25세 때 구족계를 받았다. 이후 고안(高安)으로 가서 동산양개 대사를 친견하고 10여 년 동안 사사하였다.

스승의 곁을 떠나려 하니 종문에서 은밀하게 전승되어 온 「보경삼매(寶鏡三昧)」와 「오위현결(五位顯訣)」을 부촉하며 전법하였다. 후에 조산은 스승의 가르침을 받고 그에 게송을 붙여 「정편오위송」과 「오위군신게」를 완성하였다. 나아가서 「삼삼루(三滲漏)」, 3수의 「강요게(綱要偈)」, 「삼종타(三種墮)」, 「사종이류(四種異類)」, 「팔요현기(八要玄機)」 등을 제시하여 조동선의 교의를 널리 현창하였다.

동산을 하직하고 조산은 조계의 탑을 참배하고 나천(螺川)으로부터 임천(臨川)에 이르러 그곳의 아름다운 산수를 보고 그 산을 조계혜능을 경모하는 의미로 조산으로 고쳐 부르고 주석하였다.

조산은 다음과 같은 상당설법을 하였다.
'법복을 걸친 출가사문이라면 모름지기 향상사(向上事)를 깨우치는 일을 등한시해서는 안된다. 그래서 설령 어떤 도리를 터득했다손 치더라도 모든 성인들조차도 무시해버리는 의기가 있어야만 진정한 자유를 얻을 것이다. 만약 그렇지 못한다면 설사 궁극의 경지를 터득했더라도 얌전하게 차수하고 기다려야 할 것이다. 그러나 만약 저기의 전체를 과감히 버릴 줄 안다면 일체의 장애를 만나더라도 스스로 주재할 수가 있다. 설사 진흙속에서 허우적거릴지라도 스스로 주재할 수가 있을 것이다.'

후에 남주(南州)의 장수 남평종왕(南平鍾王 ?-906)이 조산의 선풍을 경모하여 극진한 예우로 모시고자 하였다. 그러나 조산은 애써 사양하고 다음과 같은 시를 보냈을 뿐이다.

메마른 나무등걸은 시다림에 의지하여　摧殘枯木倚寒林
몇 차례 봄이 와도 한결같은 마음일세　幾度逢春不變心
나무꾼조차 일부러 잘라가지도 않는데　樵客見之猶不採
안목 있는 목수가 어찌 애써 찾겠는가　郢人何事苦搜尋

신유년 여름 밤 입적에 이르러 지사(知事)에게 물었다.
'오늘이 몇 칠인가.'
'6월 15일입니다.'
'나는 일평생 행각을 하였는데 가는 곳마다 한 철은 역시 90일이었다. 그러니 내일 오전 8시에 떠나겠노라.'

8시가 되자 향을 사루고 편안하게 앉은 채로 입적하였다. 세수가 62세이고 법랍이 37세였다. 제자들이 입적한 몸 그대로 다비에 붙여 서쪽 비탈진 곳에 안치하였다. 탑호는 복원(復元)이다.

(3) 동산의 전법제자 - 운거도응 -

운거도응(雲居道膺 828-902)은 유주(幽州) 계문옥전(薊門 玉田 河北省 津海道 玉田縣)에서 태어났다. 속성은 왕(王)씨이고 이름은 도응(道膺)이다. 출생년도는 분명하지 않지만 당나라 태화 2년(828)으로 짐작된다. 어려서부터 다른 아이들보다 뛰어났다. 회창(會昌)의 파불(破佛) 이전 개성 2년(837) 10세 때 고향인 유주의 연수사(延壽寺)에서 출가하고, 파불 이후 대중 6년(852) 25세 때 범양(范陽)의 연수사에서 구족계를 받았다. 이 해는 동산양개가 신풍산에 들어간 때이다.

그 후 소승계율을 배웠으나 인간의 근원적인 본질을 구속하는 것이라 생각하여 그 때까지 배우던 경·율·론을 그만 두고 선을 시작하였다. 널리 유행하다가 장안(長安)의 종남산(終南山)에 있는 취미산(翠微山)에서 우선 단하천연(丹霞天然 739-824)의 제자인 광조대사(廣照大師) 무학(無學)의 휘하에서 3년 동안 머물렀다. 그러던 중 강서성의 예장

(予章)에서 온 스님으로부터 동산양개의 법석에 관해 듣고 동산으로 갔다. 이 때는 대중 9년(855), 운거 28세이고 동산양개 49세였다.

거기에서 머물다가 동산이 입적하기 2년 이전, 운거 42세 때까지 15년간 사사하였다. 이 후 삼봉산(三峰山)에 들어가서 거기서 11년 간 머물렀다. 이후 중화 3년(883)에 운거산에 들어가 19년간 머물면서 많은 교화를 폈기 때문에 운거(雲居)라는 명칭을 얻었으며, 902년 정월 3일 인시(寅時)에 입적하였다. 사법제자로는 28명이 있었다. 시호는 홍각(弘覺 혹은 宏覺)이고 탑호는 원적(圓寂)이었다.

운거도응이 참하자 동산이 물었다.
'어디에서 왔는가.'
운거가 말했다.
'취미에서 왔습니다.'
'취미는 어떤 언구로 제자를 가르치던가.'
'취미스님께서 나한에게 공양을 올리시길래 제가 나한에게 공양을 올리면 나한이 옵니까라고 물었습니다. 그러자 취미스님은 그럼 그대는 매일 무엇을 먹느냐고 물으셨습니다."
'정말 그렇게 말했던가.'
'예.'
'선지식을 참한 것이 헛되지는 않았구나.'

운거의 설법에 주로 나타난 내용을 보면 다음과 같다.

첫째는 몰종적(沒蹤跡)과 주도면밀(周到綿密)한 수행이다.

둘째는 제일의제(第一義諦)와 본래무일물(本來無一物)의 본증(本證)이다.

셋째는 바로 그 자리에서 터득하는 직하승당(直下承當)과 현성공안(現成公案)의 체험 등으로 요약된다.

첫째의 몰종적과 주도면밀한 수행으로는 동산을 참하고서 주고받은 대화에서 다음과 같이 말하고 있다.

동산이 물었다.
'그대의 이름이 무엇인가.'
운거가 아무개라고 이름을 말하니 동산이 다시 물었다.
'향상의 입장에서 다시 말해 보라.'
'향상의 입장에는 아무개라고 이름할 것이 없습니다.'

향상사(向上事)의 입장에서는 그 무엇으로도 형언할 길이 없는 언어도단의 경지이므로 설령 무슨 이름을 말했다고 해도 그것은 한낱 이름에 불과한 것이다. 운거라는 명칭은 운거 곧 구름처럼 공허한 두 글자를 빌어 나타난 것에 지나지 않는다. 그래서 모름지기 자신이 스스로 그 자체가 되지 않으면 안되는 것을 다음과 같이 말한다.

'대저 출가한 사람은 다만 스스로 결택해야지 절대 밖에서 찾으려 해서는 안된다. 그러므로 거룩한 스승을 대하듯 조심스러워야 한다. 결택할 때에는 모름지기 얇은 얼음을 밟듯이 부지런히 지극한 도를 구해야 한다. 이것은 마치 머리에 붙은 불을 끄듯이 해야지 달리 무슨 여가가 있겠는가. 또한 불길이 몸을 덮치는 것과 같으니, 일체의 것을 버리고 급히 그 속에 뛰어들어 몽땅 취하되, 모름지기 두두물물에 널리 이르고 두루 통해야 한다.'

출가수행하는 마음자세는 불도를 이루는 것이다. 불도를 이루는 것은 자기를 이루는 것이다. 자기를 이루는 것은 자신을 잊는 것이다. 자신을 잊는 것은 만법을 증득하는 것이다. 만법을 증득하는 것은 자기의 身心 및 타인의 신심까지도 탈락하는 것이다.

따라서 자기의 일체를 걸고 수행하는 입장에서는 그만큼 치열하지 않을 수가 없다. 이처럼 고심참담 수행하는 데에는 물론 그 상(相)을 남겨서는 안된다는 것을 다음에서 말하고 있다.

운거스님이 설법하였다.
'어떤 사람이 돈 백관을 가지고 사냥개를 샀는데 흔적 있는 것만 알 뿐이었다. 그러다가 홀연히 영양이 뿔을 나무에 걸

어둔 것을 만나면 흔적은커녕 낌새도 모른다.'
 한 승이 물었다.
'영양이 나무에 뿔을 걸어둘 때는 어떻습니까.'
 운거스님이 말했다.
'6×6은 36이다.'
 그리고는 말했다.
'알겠는가.'
 그 승이 말했다.
'모르겠습니다.'
 운거스님이 말했다.
'그래서 흔적이 없다고 하지 않았던가.'
 그 승이 이 이야기를 조주에게 가서 전하자 조주가 말했다.
'운거스님은 참 훌륭하시구나.'
 그 승이 조주스님에게 물었다.
'영양이 나무에 뿔을 걸어둘 때는 어떻습니까.'
 조주스님이 말했다.
'6×6은 36이다.'

 여기에서 영양(靈羊)은 영양(羚羊)으로서 영(靈)과 영(羚)은 호환되는 글자다. 영양은 잠을 잘 때에 다른 동물로부터 습격을 피하기 의해서 자신의 뿔을 나뭇가지에 걸치고 매달려 있으면 아무런 흔적도 남지 않아 안전하게 잠을 잘 수 있다는 동물이다. 마찬가지로 수행에 있어서도 수행이라는 종적마저도 남겨두지 않는 것을 운거는 이렇게 표현하고 있다. 이야말로 몰종적하고 주도면밀한 행태를 잘 말해주고 있다.

예로 '달리 순 돌 뿐인 산에서 초목이 어디에서 자라겠는가.' 라는 물음에 대하여 '본래 완전한 것이어서 손대지 않으면 도리가 어긋남이 없다.'고 답변한다. 그러나 거기에 어떤 조작을 가하면 공연한 일이되 되어버려 곧 어긋나고 만다고 말한다. 이것에도 운거 나름대로 진리에 대하여 크게 긍정하는 사람과 크게 부정하는 사람의 차이에 대하여 말한 것이다. 곧 향상사마저도 쓰레기처럼 여기면서 공훈에 집착하지 않는 것과 자기의 몸이 있다고 보아 그 공훈의 굴레에 떨어지는 것과의 차이를 말한다. 이것이야말로 동산의 의도를 이어받고 있다.

이 밖에도 향상사는 제아무리 현묘한 경우라 하더라도 거기에 미치지 못한다는 것이라고 하면서 마음의 번뇌를 끊는 데에는 모든 번거로운 인연을 다 쉬어버리라고 말한다. 그리하여 그 몰종적하고 주도면밀한 수행에 끝까지 방일하지 말 것을 고구정녕하게 일관하고 있다.

운거가 병석에 눕게 되자 같은 설법을 하였다.
'그대들은 이제 멀고 가까움일랑은 대강 알고 있을 것이다. 그리고 살고 죽는 일은 늘상 있는 일이니 과히 걱정을 하지 말라. 못을 끊고 무쇠를 자르는 굳은 신념으로 불법을 어기지 말고, 나고 죽음에 임해서도 불법을 저버리지 말라. 마땅히 번거롭게 하지말고 제각기 해결하도록 하라.'

이처럼 자신의 수행에 철저할 것은 자신뿐만이 아니라 제자의 접화에 있어서도 마찬가지였다.

한편 본래무일물과 같은 제일의제에 있어서도 철저한 본증(本證)의 입장에 근거하고 있다. 석존이 설산에서 6년을 고행한 것도 스스로 드러나 있는 뜻을 세우려는 것이었지 그 밖의 무엇에 의지하려는 것이 아니었다라고 하여, 일찍이 무엇을 얻었다든가 본래 중생이었다가 부처가 되었다는 등의 내용이 아니라 모두가 중생구제의 방편으로서 모습을 나타내고 각각의 근기에 맞추어 시설한 화현으로서의 수행자였다고 한다. 그래서 어느 것이 조사의 뜻이고 어느 것이 중생의 뜻이고 하는 분별이 따로 있을 수가 없다는 것이다.

하루는 동산에게 물었다.
'어떤 것이 조사의 뜻입니까.'
동산이 말했다.
'그대가 훗날 어떤 지방에 주석하게 될 때 홀연히 누가 와서 그렇게 묻는다면 그대는 뭐라고 답하겠는가.'
운거가 말했다.
'제가 잘못했습니다.'

운거의 번득이는 납자다운 기지가 엿보이는 대목이다. 진제의 입장에서 보면 무엇인들 조사의 뜻이 아니겠는가. 굳이 경전상의 어구를 인용하여 그것이 조사의 뜻이라고 한다면 그것은 운거 자신의 위선이 될 뿐이다. 석존의 고행과 달마의 면벽과 혜능의 방아찧는 행위가 아니더라도 비로 운거 앞에 펼쳐지고 있는 동산과의 문답 속에 조사들의 뜻이 담겨 있음을 말해 준다.

이러한 근거에서 운거는 다시 그것이 진리로서만 내재되어 있는 것이라면 크게 도움이 되지 않음을 알고 있었다. 그래서 그것을 우리의 눈앞에 현전시키는 체험이 필요함을 역설하고 있다. 그래서 바로 그 자리에서 체득하고 인정하는 것이 만법에까지 두루 퍼져가야 함을 가리키고 있다. 곧 진리가 우뚝 솟아 현현해 있건만 면전에 있는 바로 그것을 알아차리지 못할 뿐이며, 또한 온 세상이 다 진여 아님이 없다고 한다.

제법의 성품은 본래 원만하여 각각 나름대로의 진리를 최대한도로 만끽하고 있다는 것이 법계의 성품이고 보면 어느 시간, 어느 장소, 어느 상황 아래에서도 진여를 만날 수가 있다. 그래서 저 과수게로 알려진 동산의 「오도송」에서는 가는 곳마다 그 진리를 터득한다는 말을 하고 있다. 이에 흔히 막상 지나버렸다고 생각하기 쉬운 과거의 상황도 마찬가지로 항상 현전해 있다는 것은 운거에 있어서도 여실하게 나타나 있다. 달마가 나타나기 이전에도 여전히 지금 그 자리에 있었음을 말하며, 또한 과거의 지나버린 겁을 이끌어 내어 문답하고 있다.

　한 승이 물었다.
'어떤 것이 지난 겁의 일입니까.'
　운거가 답했다.
'다만 지금과 같을 뿐이다.'
'지금이란 무엇입니까.'
'저 지난 겁의 일을 보지 못했는가.'

　다만 과거가 과거라는 시간상의 끝이 아니라 어디까지나 진리를 표출하고 있는 전체로서의 곧 그 자리에서 터득해야 함을 일깨워 주고 있다. 앞서 말한 바 있는 운거의 말년의 부촉에도 나타나 있듯이 시간상의 멀고 가까움은 일상의 생사만큼이나 항상 존재하는 것이므로 거기에 막히지 않아야 함을 말하고 있다. 이것은 실제로 생활 가운데에서 현성해 있는 진리를 어떻게 활용하느냐에 따라 좌우된다.

　어떤 거사가 한 승에게 물었다.
'저희 집에는 솥이 하나 있는데 평소에 떡을 찌면 세 사람이 먹기에도 부족하지만 그것을 천 사람이 먹으면 남습니다.

이것을 스님은 어찌 생각하십니까.'

승이 대꾸하지 못하자 곁에 있던 운거가 대신 말했다. '다투면 세 사람이 먹어도 부족하지만 양보하면 천 사람이 먹어도 남는 법이지.'

이것은 운거의 '불법이 아무리 많다손 치더라도 행해야 좋은 것이다. 다만 마음이 곧 부처임을 알면 부처의 말을 모른다고 근심할 필요가 없다. 만약 이와 같은 일을 알고자 하건대 모름지기 이와 같이 행하는 사람을 알아야 한다. 그래서 그 사람을 알게 된다면 무슨 근심이 있으랴'는 말에서 더욱 분명해진다. 또한 운거에 대한 그의 성품을 말해 주고 있는 내용으로서 다음과 같은 것이 있다.

'운거스님은 물외종사(物外宗師)이다. 이 땅에서 일곱 번 태어나 선지식이 되었는데, 도덕이 고매하고, 지혜가 넓고 깊었으며, 대자비를 갖추고 항상 천 명의 스님을 거느렸다. 제자들에게 다음과 같이 가르쳤다. '다만 마음이 부처라는 것만 알면 되지 부처에 대해 근심할 필요는 없다. 이 말을 모르는 자는 오늘날 학인들이 오로지 밖으로만 향해 구할 뿐이다. 다만 대승의 말을 배울 뿐 그것을 자신의 마음으로 되돌이켜 천진불(天眞佛)을 밝히지 못하는 사람들이다. 만약 이 마음이 부처라는 것을 알게 되면 자연지(自然智)와 무사

지(無師智)가 현전한다. 어찌 수고롭게 밖을 향해서 배우랴.'

이것은 바로 현재 있는 모습 그대로가 진리라는 현성공안의 입장에서의 견해를 누구나 지금 지니고 있는 그 마음이 곧 부처라는 말로 대치하고 있을 뿐이다. 그리하여 안으로 살펴 각자의 천진불을 현현시키는 것이 요구되고 있다.

이처럼 면면히 이어져 내려온 인도의 28대 조사가 전승한 부처님의 정법안장의 등불은 보리달마를 통하여 중국에 전승되었고, 이후 6대 조사를 통하여 그 법맥이 청원행사로 계승되었다. 청원행사(靑原行思)의 법맥은 다시 석두희천(石頭希遷) - 약산유엄(藥山惟儼) - 운암담성(雲岩曇晟) - 동산양개(洞山良价) - 조산본적(曹山本寂) · 운거도응(雲居道膺) 및 신라의 선사들에게 이어져 조동종의 선풍이 출현하였다. 조동종의 선풍은 주도면밀(周到綿密)하고 용의주도(用意周到)하며 행지면밀(行持綿密)하고 면수상전(面授相傳)의 방식을 그 특징으로 한다. 조동선의 법맥을 길이 계승한 운거도응의 법맥은 두 갈래로 전승되었다.

첫째는 소위 해동사무외대사(海東四無畏大士)로 알려진 이엄(利嚴) · 여엄(麗嚴) · 형미(逈微) · 경유(慶猷) 및 운주(雲住) 등에 의하여 나말여초에 해동으로 전해졌다.

또한 동산 - 소산광인에게는 신라인의 제자 경보(慶甫)

가 있었는데 해동에서 소위 구산선문 가운데 동리산문의 법을 이었다. 그러나 해동에서 조동종이라는 독립된 종파로 전개되지 못하고 조동선의 사상적인 전승으로 계승되어갔다.

둘째는 동안도비(同安道丕) - 동안관지(同安觀志) - 양산연관(梁山緣觀) - 대양경현(大陽警玄) - 투자의청(投子義靑) - 부용도해(芙蓉道楷) - 단하자순(丹霞子淳) - 굉지정각(宏智正覺)으로 계승되었다. 특히 단하자순의 제자였던 진헐청료와 굉지정각은 묵조사상을 현창하여 묵조선의 수행을 출현시켰다.

제2장
조동선의 종지

1. 조동선의 본질 / 90
2. 조동선지의 원류 / 94
   1) 초기선종의 선법계승 / 94
   2) 석두희천의 『참동계』 / 106
   3) 석두희천의 『초암가』 / 111
3. 조동선지의 전개 / 114
   1) 동산양개의 조동선지 / 114
   2) 조산본적의 조동선지 / 164
   3) 운거도응의 조동선지 / 173

1. 조동선의 본질

조동선이라는 명칭은 동산양개와 그 제자인 조산본적으로부터 유래되었다. 동산어록에는 「동상(洞上)의 현묘한 가풍이 천하에 퍼지게 되었으므로 제방의 종장(宗匠)들이 모두 추존하여 조동종풍 내지 조동선풍이라 하였다」는 말이 있다. 처음에는 동조종(洞曹宗)이라 했던 것을 발음상 조동종(曹洞宗)이라 부르게 되었다. 법안문익은 『종문십규론(宗門十規論)』에서 조동을 비롯하여 임제·위앙종의 특색을 언급하고 있다.

이 『종문십규론』은 940 내지 950년 무렵에 출현하였는데 이 책을 쓰기 이전에 법안은 30년 동안 제방을 행각하면서 각 지역의 선지식들로부터 임제·위앙과 나란히 조동이라는 명칭을 사용하였다. 그러므로 910년 내지 920년 무렵에는 이미 조동종 내지 조동선이라는 명칭이 사람들 사이에 회자되고 있었다.

조산본적은 901년에 입적하였고, 그 사형이었던 운거도응은 902년에 입적하였으며, 그 사제였던 용아거둔은 923년에 입적하였다. 조동종이라는 명칭은 조산과 운거가 입적한 이후 얼마지나지 않아 불려지게 되었으며 용아의 생존시에 이미 세상에 퍼졌음을 알 수가 있다.

분양선소(汾陽善昭)는 자신의 어록에서 조동종을 동산종(洞山宗) 내지 동상종(洞上宗)이라 부르고 있다. 조동종은 종단 내부의 자칭이 아니라 먼저 그 이외의 선지식들로부터 불려졌기 때문에 그만큼 객관성이 확실하다. 그러나 동산의 훌륭한 제자에는 조산본적 - 조산혜하 - 광휘의 법계 이외에 운거도응의 법계가 있다. 조산의 계통은 불과 4세로 단절되었다. 이로써 동산의 법은 조산보다는 오히려 운거 계통에서 길이 전승되었다. 때문에 오늘날 전승된 법맥은 운거의 계통에 속한다. 이런 점에서 조동종은 운거파(雲居派)라고도 하여 동산의 법계를 조산으로만 대표성을 부여하지는 않는다.

　그런데 조동종 내지 조동선이라는 종명이 조계혜능과 동산양개로부터 유래되었다는 일설이 있다. 조산은 조계혜능을 경모했기 때문에 조계의 조(曹)라는 글자를 따서 자신이 주석하는 산의 명칭을 삼았기 때문에 조동종풍의 조(曹)는 간접적으로는 조계의 조(曹)를 의미한다는 것이다. 그래서 조계와 동산에 의하여 조동(曹洞)이라는 종명이 된 것은 이처럼 간접적인 이유가 아니라 직접 조계로부터 유래되었다는 것이다. 이와 같은 견해는 주로 조동종의 내부에서 주장되는 견해로서 역사적인 사실보다는 주로 신앙에 근거한 주장이다.

　중국의 조동종풍은 그 초창기에 지극히 미미하였지만 송대중기부터 점차 세력을 만회하였다. 그 특색은 다음과 같다.

첫째는 인간은 모두 태어나면서부터 불심을 구비하고 있다는 본래성불을 깊이 믿는다.

둘째는 좌선을 강조하는 지관타좌(只管打坐)를 통하여 본래부터 구비하고 있는 불심의 신령스러운 작용을 현실화하는 것이다.

셋째는 행지(行持) 지해(知解) 항상 일치하여 실천과 지식이 반드시 일치한다.

넷째는 행지면밀(行持綿密)을 종지로 하여 일상생활에서 그 본래성을 드러내는 것이다.

다섯째는 항상 전일(全一)한 입장을 견지하여 치우침이 없다.

조동종풍의 초기 곧 동산양개, 조산본적, 운거도응, 동안도비 시대는 남창(南昌) 부근에서 주도면밀한 종풍을 선양하였다. 이후 양산연관 시대는 동정호의 서쪽까지 교세를 확보하였고, 대양경현 시대는 동정호의 서북쪽인 양양(襄陽)까지 진출하여 조동의 종풍을 진작하였다.

투지의청 시대는 남경(南京)과 구강(九江) 사이 곧 안경(安慶) 근처까지 진출하여 동정호의 동남쪽으로 교세를 확장하였다. 그리고 부용도해 시대는 낙양(洛陽)과 개봉(開封) 곧 동정호의 북쪽까지 진출하였다. 그래서 단하자순 시대는 바로 여기 동종호의 북쪽지역을 중심으로 조동의 가풍을 다

졌으며, 진헐청료 시대는 강소성(江蘇省) 방향으로 남하하여 남송시대에는 절강성을 그 주요 무대로 삼아 화엄사상을 배경으로 하는 선풍을 발전시켰다.

그 이후의 조동종풍은 절강성의 명주지방을 중심으로 크게 발전하였다. 굉지정각은 순일하게 좌선수행을 지속하고 묵조선을 주창하고 오위사상을 펼쳐 조동의 선풍을 크게 진작하였다. 또한 설두지감(雪竇智鑑)은 천성이 순박하고 성격이 온후하여 수행에 힘써 사명(四明) 지역을 벗어나지 않았지만 그 명성은 천하에 알려졌다.

2. 조동선지의 원류

1) 초기선종의 선법계승

선의 근원은 고대 인도의 관법에 기초하고 있어 불교 이전까지 거슬러 올라간다. 그것이 지금까지 불조정전의 선법으로 전해 온 것은 우선 사자상승(師資相承)의 상면수수(相面授受)라는 방법에 토대를 두었기 때문이다. 이처럼 스승과 제자간의 상면수수는 이미 우파니샤드시대에도 나타나 있다. 그러나 선가의 특징인 이심전심의 심심상인(心心相印)은 염화미소(拈花微笑)로 대표되는 『대범천왕문불결의경』에서 그 연원을 찾아볼 수 있다.

그 때에 대범천왕이 부처님께 사뢰었다.
'세존께서는 출세한 이후 40여 년 동안 갖가지 설법을 하셨습니다. 그런데 어떤 것이 일찍이 없었던 법이며, 어떤 것이 언설로 행한 법입니까. 원컨대 세간의 모든 인간세상과 천상세상을 위하여 가르침을 내려 주십시오'
말을 마치고 금색의 큰 바라꽃 천 잎을 가지고 부처님 위에 뿌렸다. 그리고 나서 물러나 몸으로 자리를 만들어 그 위에 앉으시기를 기다리고 있었다. 그 때 세존께서 그 자리에 자리를 잡고 앉아 조용히 꽃을 들어 대중에게 보이셨다. 그러나 백만의 인간과 천상의 대중 및 비구들이 다 묵연히 있었다. 그런데 대중 가운데 오직 마하가섭 존자만이 그것을 보고 파안미소하면서 자리에서 일어나 합장하고 똑바로 서 있으니 말은 없었으나 기품이 있었다. 그 때에 부처님께서 마하가섭에게 말씀하셨다.

'나에게 정법안장(正法眼藏)·열반묘심(涅槃妙心)·실상무상(實相無相)·미묘법문(微妙法門)이 있어 불립문자교외별전의 방식으로 지혜 있는 이나 없는 이나 모두 인연을 만나 증득하게 해준다. 이제 오늘 이것을 마하가섭에게 부촉하니 마하가섭은 미래세에 제불을 받들어 장차 성불할 것이다.'

곧 세존의 염화와 가섭의 미소라는 상징적인 에피소드를 통하여 깨침의 인가를 드러내고 있다. 이것은 이후 선가에서 스승과 제자간에 있어서 상면수수(相面授受)하는 하나의 알맹이로서 그 역할을 다해 왔다. 그 단적인 일례를 보리달마와 양나라 무제 사이의 일화에서 찾아볼 수 있다. 이심전심의 선법을 전하기 위해 인도로부터 수천 리 떨어진 중국에까지 건너 온 달마에게는 불조혜명(佛祖慧命)의 계승이라는 분명한 목표가 있었다. 그러나 막상 중국에 와서 부딪친 것은 그것과는 너무나 다른 유루공덕(有漏功德)의 모습이었다.

무제가 물었다.

'짐이 즉위한 이래 절을 짓고 사경하며 스님을 배출한 일이 수없이 많았습니다. 그러니 어떤 공덕이 있습니까.'

달마가 말했다.

'공덕이 없습니다.'

'왜 공덕이 없다는 겁니까.'

'그것은 단지 인간세상과 천상세상의 작은 공덕으로서 유루의 인일 뿐입니다. 그래서 마치 형체를 따라 나타난 그림자와 같은 것이라서 진실한 것이 아닙니다.'

'그러면 진실한 공덕이란 무엇입니까.'

'청정한 지혜는 미묘하고 원만하여 체성이 공적하니 그 공덕은 세간에서는 얻을 수 없습니다.'

그러자 무제가 또 물었다.

'그렇다면 어떤 것이 성스러운 제일의제(第一義諦)입니까.'

달마가 말했다.

'성스러운 것은 없습니다.'

'그러면 지금 제 앞에 있는 그대는 누구입니까.'

'모르겠습니다.'

이 말의 뜻을 무제가 알아듣지 못하자 달마는 근기가 맞지 않음을 알아차렸다.

이것은 바로 달마의 무루법(無漏法)과 무제의 유루법(有

漏法) 사이에서 나타난 괴리의 결과였다. 달마가 추구한 것은 사탑의 조성, 경전의 유포, 스님의 배출, 구복신앙과 같은 유형적인 공덕이 아니었다. 사람마다 제각기 함유하고 있는 불성의 현현이었다. 달마는 그것을 『이종입(二種入)』 속에서 다음과 같이 설명하고 있다.

대저 깨침에 들어가는 길은 많지만 요점을 들어 말하자면 두 종류가 있다. 하나는 이입(理入)이고, 다른 하나는 행입(行入)이다. 이입이란 경전의 가르침에 의지하여 종지를 깨치는 것이다. 그래서 모든 중생이 동일한 진성을 지니고 있으나 객진의 망상에 뒤덮여 드러내지 못하고 있음을 철저히 믿는 것이다. 만약 망상을 버리고 진성으로 돌아가려면 조용히 벽관을 행하여 자타가 없고 범성이 동일함을 굳게 지켜 움직이지 않아서 다시는 언교를 따르지 않아야 한다. 이처럼 이치에 그윽하게 계합하여 분별이 없이 적연무위(寂然無爲)하는 것을 바로 이입이라 한다.

곧 모든 중생이 동일진성(同一眞性)을 지니고 있음을 믿고, 그것을 밝히기 위해서는 달리 언어문자의 가르침을 방편삼아 종지를 깨치는 것일 뿐 그것에 끄달리지 말며, 벽관(壁觀)을 통해 진리에 계합해야 한다는 것이다. 이와 함께 보리달마의 태도는 한결같이 간명직절(簡明直截) 그것이었다. 그 까닭은 마음의 깊은 심연을 직지하는 방법으로 달마가 선택한 최선의 방법이었기 때문일 것이다. 한편 양 무제와의 대화와는 달리 달마와 혜가를 비롯한 제자들과의 피·육·골·수(皮·肉·骨·髓)의 문답은 달마의 마음을 충족시키기에 부족함이 없었다.

9년이 지나 이제 천축으로 돌아가려고 제자들에게 말했다.
'바야흐로 때가 되었다. 그대들은 각자 얻은 바를 말해 보라.'
도부가 말했다.
'문자에 집착하지도 않고 문자를 여의지도 않는 도를 의용하게 되었습니다.'
달마가 말했다.
'그대는 내 피부를 얻었다.'
총지 비구니가 말했다.
'제가 이해한 바는 아난이 아촉불국을 보고 나서 다시는 보지 않는 경지입니다.'
달마가 말했다.
'그대는 내 살을 얻었다.'
도육이 말했다.
'사대가 본래 공하고 오음도 없습니다. 그리하여 저의 견해로는 일법도 얻을 바가 없게 되었습니다.'
달마가 말했다.

'그대는 내 뼈를 얻었다.'

마지막으로 혜가는 예배를 하고는 그 자리에 다소곳이 서 있었다. 그러자 달마가 말했다.

'그대는 내 골수를 얻었다.'

이에 혜가를 향해 말했다.

'옛날 여래께서 정법안장을 가섭대사에게 부촉하신 이후 계속 이어져 나에게 이르렀다. 내 이제 그대에게 부촉하니, 그대는 장차 잘 호지하라. 아울러 법의 신표로 가사를 주노니, 그 각각의 의미를 알아라.'

혜가가 말했다.

'청컨대 스승께서 말씀해 주십시오.'

달마가 말했다.

'안으로는 법인을 전해 깨친 마음에 계합하고, 밖으로는 가사를 부촉하여 종지를 정하노라.'

곧 부집언어(不執言語) · 불립문자(不立文字) · 일체개공(一切皆空)을 갈무리한 불이법문을 네 제자를 통해 점검하고 인가하여 마침내 불조의 혜명을 전수하고 있기 때문이다. 여기에서는 앞의 양 무제와의 대화를 통해 달마의 심지법문이 더한층 부각되어 있다. 이것은 이후 태조혜가의 사상에 대해서도 암시하는 바가 있다. 혜가에게는 달리 저술이 없다. 그의 이름을 가탁하여 지은 것마저도 없을 만큼 철저한

제2장 조동선의 종지 99

심법의 소유자로서 공의 실천에 힘썼다. 단지 달마로부터 전수받은 4권 『능가경』을 감지승찬에게 전했을 뿐이다. 그러나 전등사를 통해 나타난 그의 사상은 『능가경』 뿐만이 아니라 『반야경』과 『열반경』에 기초하고 있음을 알 수 있다. 그것에 대해 『전등록』에서는 달마와 마찬가지로 죄의 성품에 관해 승찬과 주고받는 대화 가운데 죄의 성품이 본래 공하다는 것을 말하고, 그것을 삼보에 대한 그의 견해로 압축하고 있다.

어느 한 거사는 나이 40이 넘도록 자기의 성명도 몰랐다. 마침내 찾아와 예를 드리고 물었다.
'저는 몸에 풍병이 있습니다. 청컨대 스님께서 저의 죄를 뉘우치게 해 주십시오.'
혜가가 말했다.
'죄를 가지고 오면 참회시켜 주리라.'
그러자 거사는 양구(良久)하고 말했다.
'죄를 찾을 수가 없습니다.'
혜가가 말했다.
'이미 그대에게 죄를 참회시켜 주었다. 그러니 마땅히 불법승에 의지해 살아가라.'
거사가 말했다.
'지금 스님을 뵈니 승(僧)은 알겠지만 아직 불과 법은 모르

겠습니다.'

혜가가 말했다.

'마음이 불이고 마음이 법이다. 법과 불은 다르지 않다. 승도 또한 마찬가지이다.'

거사가 말했다.

'오늘에야 비로소 죄의 성품이 난과 밖과 중간에도 없으며, 그 마음 또한 불과 법과 다르지 않음을 알았습니다.'

혜가는 거사가 법기임을 알아 머리를 깎아주고 말했다.

'그대는 나의 보배이다. 그러니 이름을 승찬이라 하거라.'

거사는 그 해 3월 18일에 광복사에서 계를 받고 그로부터 몸의 질병이 없어졌다. 그리고 혜가를 모시기 2년이 되는 어느 날 혜가가 말했다.

'보리달마께서 멀리 천축으로부터 와서 나에게 정법안장을 친밀히 전하셨다. 내 이제 그대에게 정법안장과 더불어 달마의 믿음의 표시인 옷을 그대에게 주노니, 그대는 마땅히 수호하여 단절되지 않게 하여라.'

승찬은 몸에 문둥이 병을 앓고 있었다. 그러던 차에 혜가를 만나 나누는 대화의 내용이다. 즉 죄성은 본래 공하기 때문에 내·외·중간의 어느 곳에서도 찾을 수 있는 것이 아니다. 그것은 참죄와 병고가 달리 있는 것이 아니기 때문이다. 그래서 마치 불과 법이 다르지 않고 심도 또한 다르지 않다는 것이다. 이러한 사상은 이후 조동종풍의 종조인 동산양개의 어록인 『동산어록』 속의 『오위현결』・『보경삼매가』・『현중명』・『신풍음』 등 가송(歌頌)에 잘 나타나 있다.

이와 같은 모습은 반드시 은밀하게 실중(室中)에서 스승과 제자 사이에 상면수수(相面授受)되었다. 이러한 전통은 전법의 대대상전이라는 선종의 특징이기도 하지만, 특히 이후 조동선의 기본 교의인 동산양개의 「편정오위」의 은밀한 전수를 생각나게 한다. 또한 '사원에서 열반경을 강의하자 스님의 법을 듣는 학도들이 점점 늘어났다'고 하여 『열반경』도 설하였음을 볼 수 있다.

혜가가 『열반경』을 설함에 있어 사람들이 구름처럼 모여들었으며, 가담항설이 다 그를 칭송하는 말들이었다. 이 때 변화법사라는 사람이 있었는데 이러한 사실에 대해 분노를 참지 못하여 혜가를 비난하였다. 이에 대해서도 혜가는 진실을 아는 사람은 자기를 알아준다고 하여 변화법사에 대해 태연히 응수하였다. 이러한 사실들을 통해서 혜가의 성품과 사상의 기조를 어느 정도 가늠해 볼 수 있을 것이다.

혜가에게서 사법한 승찬은 당대에 아직 선종이 본격적인 형태를 갖추기 이전에 나타난 운문형태의 최초의 저술이기도 한 『신심명』을 남기고 있다. 『신심명』은 4언 146구 584자로 구성된 단편이다. 그러나 이 속에는 불법의 요체 및 불조의 신심을 명료하게 압축하고 있다. 특히 신심(信心)의 두 글자는 이 『신심명』의 강령으로서 초심에 대기를 발하여 불이의 대도를 체득함으로써 신심불이(信心不二) 불이신심(不二信心)의 종지를 꿰뚫게 하는 내용으로 주목할 필요가 있다.

이어서 『신심명』에서는 일체의 이견(二見)을 단절하는 내용으로서 지(止)와 동(動), 일(一)과 이(二), 일(一)과 일체(一切), 대(大)와 소(小), 유(有)와 무(無), 그리고 능(能)과 경(境) 등의 관계를 일심의 원리로 전개하고 있다.

동(動)을 그쳐 지(止)에 돌아가지만 지(止)가 더욱 크게 동한다. … 이(二)는 일(一)을 말미암아 있으나 그 일(一)마저두 지키지 말라. 일심이 나지 않으니 만법이 때가 없다. 때가 없으면 법도 없고, 나지 않으면 마음이라 수 없다. 주관은 객관을 따라 멸하고, 객관은 주관을 따라 없어진다. 객관은 주관을 말미암아 객관이 되고, 주관은 객관을 말미암아 주관이 된다. 주관과 객관의 둘을 알려고 할진대 원래 그 둘은 하나로서 절대공이다. 하나로서의 절대공은 그대로 둘과 같다. … 극소(極小)가 대(大)와 같으니 망(妄)을 끊은 경계이고, 극대(極大)가 소(小)와 같으니 변(邊)과 표(表)를 보지 않는다. 유(有)가 곧 무(無)이고 무(無)가 곧 유(有)이다. 만약 그렇지 않으면 결코 그것을 지킬 필요도 없다. 일(一)이 곧 일체요 일체가 곧 일(一)이다. 이렇게 된다면 어찌 수행이 끝나지 않을 것을 걱정하랴. 신(信)과 심(心)이 다르지 않고 심(心)과 신(信)이 다르지 않다. 그것은 언어가 끊긴 경지이니 과거 현재 미래도 없다.

위에서 보듯이 그 내용은 상즉상재(相卽相在)하고 호섭호융(互攝互融)이라는 일심의 원리로 전개되고 있다. 그 일심이 바로 다름아닌 신(信)이고 일체이다. 이것이 다시 쌍봉산의 대의도신에게 전해지고 있다. 도신의 사상은 다음과 같이 5종의 선요(禪要)로 압축된다.

무량수경에는 다음과 같은 말이 있다. 제불의 법신이 일체중생의 마음에 들어 있으니 그 심이 곧 부처를 이룬다. 그러니 마땅히 알라. 부처는 곧 이 마음이요, 마음밖에 달리 부처가 없다는 것을. 그것을 간략히 말하자면 무릇 다섯 가지가 된다. 첫째는 마음의 체성을 아는 것이다. 마음의 체성은 청정하여 부처와 같다. 둘째는 마음의 작용을 아는 것이다. 마음의 작용이 법보를 내고 열반을 짓나니 모든 번뇌도 이와 마찬가지이다. 셋째는 깨침은 영원하다. 깨침은 멀리 있지 않으나 각각의 법은 형상이 없다. 넷째는 항상 몸이 공적함을 관한다. 안과 밖이 다름이 없어 몸이 법계에 드니 일찍이 걸림이 없다. 다섯째는 일(一)을 굳게 지킨다. 동과 정에서 항상 벗어남이 없이 수행자로 하여금 분명히 불성을 보아 곧 선정에 들게 한다. 여러 경전에는 많은 종류의 관법이 있으나 부대사(傅大士)가 설한 바 수일불이(守一不移)가 가장 뛰어나다.

곧 마음의 체를 알고[知心體], 마음의 작용을 알며[知心用], 항상 부지런히 깨어 있고[常覺不停], 항상 몸이 공적함을 관찰하며[常觀身空寂], 하나를 지켜 변함이 없게 하는 것[守一不移]을 강요로 하면서 그 원리는 좌선관심(坐禪觀心)에 두고 있다. 여기에서 승찬의 신심(信心)이 수일(守一), 곧 수일심진여(守一心眞如)의 원리로 바뀌어 있을 뿐이다. 심의 본체가 불성임을 알아 불성이 동과 정의 양변에 흔들리기 않는 평등일미임을 관찰한다.

이 일심의 진여(불성)를 지킨다는 것은 저 『금강삼매경』의 골자이기도 하면서, 이후 대만홍인에게 전해져 오조홍인의 사상의 바탕을 이룬다. 홍인은 『금강반야경』을 수지하면서 심성의 본원에 철저함을 본지로 삼아 수심(守心), 곧 수본진심(守本眞心)의 참학을 강조하였다. 이 도리를 설명하기 위해서 『수심요론(修心要論, 最上乘論 또는 一乘顯自心論이라고도 한다)』을 저술하였다. 혜능은 『수심요론』을 '홍인대사가 범부를 깨침으로 인도하기 위해 수심(修心)의 도를 보여준 요론이라 정의하고, 그 근본사상은 수심(守心)에 있다'고 설명하였다.

홍인은 이 수본진심은 혜능의 견성으로 이어진다. 혜능은 후에 무상계(無相戒)의 수계를 중심으로 한 마하반야바라밀법을 설하였는데 이것은 『육조단경』의 주요한 부분을 형성하고 있다. 『단경』의 중심을 구성하고 있는 선법은 견성성불 사상이다. 홍인은 『수심요론』에서 '우선 진심을 지킨 후 성불을 얻는다' 라고 하는데, 이것은 혜능의 견성성불의 다른 표현이다.

그것은 양자가 자성의 원만한 청정심을 수심(守心)으로 지켜갈 것인가, 아니면 자성의 청정한 원만심을 그 자체로 인정할 것인가의 차이이다. 혜능의 견성은 홍인의 수심(守心)에 의해 개화되었으며, 혜능은 홍인의 수심(守心)・수진심(守眞心)・수본진심(守本淨心)을 고양한 것이다. 말하자면 심(心)의 종교적 개념을 성(性)으로 완성한 것이다.

2) 석두희천의 『참동계』

육조혜능의 법을 이은 제자는 43인이라 한다. 그 가운데 흔히 청원행사・영가현각・남악회양・남양혜충・하택신회 등 5인이 정통제자로 일컬어진다. 이 가운데 청원행사는 육조혜능의 제자들 가운데 언제나 우두머리의 지위에 있었던 것이야말로 혜능의 정통을 계승한 인물로 알려져 있다. 나아가서 조동종파의 개조인 조산본적은 조계의 정통을 계승했다는 의미에서 조산이라는 명칭을 강조한 것도 사실이다. 그 청원행사의 전법제자에 석두희천이 있다. 석두희천이 그 저술인 『참동계』에서 제시한 열린 관계[回互]와 닫힌 관계[不回互]의 개념은 이후 조동선의 기본적인 교의를 구성하게 되었다.

석두의 사상을 엿볼 수 있는 것으로는 우선 『참동계』 및 『초암가』 등을 들 수가 있다. 이 가운데에서 먼저 『참동계』의 내용은 다음과 같다.

竺土大仙心　축토대선 곧 부처님의 마음은
東西密相付　동서로 은밀하게 부촉되었다
人根有利鈍　사람의 근기는 다양할지라도
道無南北祖　깨침에는 남북의 돈점이 없다
靈源明皎潔　신령스런 근원은 밝고 맑은데
枝派暗流注　지말의 현상은 그윽히 흐른다
執事元是迷　현상에 집착하는 것 미혹이고
契理亦非悟　도리에 계합해도 깨침 아니다
門門一切境　안·이·비·설·신의 경계는
回互不回互　회호도 하고 불회호도 한다네
回而更相涉　회호할 경우엔 다시 섭하지만

제2장 조동선의 종지 107

不爾依位住	그렇지 않으면 제자리 머문다
色本殊質象	색은 본래 형질과 모양 다르고
聲元異樂苦	소리는 원래 고락을 떠나 있다
暗合上中言	어둠은 상언과 중언 합치되고
明明淸濁句	밝음은 청구 탁구로 분별된다
四大性自復	사대의 성품 자체로 돌아감이
如子得其母	마치 아이가 엄마 찾는 격이다
火熱風動搖	불은 뜨겁고 바람은 움직이며
水濕地堅固	물은 촉촉하고 땅은 단단하며
眼色耳音聲	눈은 색 보고 귀는 소리 듣고
鼻香舌鹹醋	코는 냄새 맡고 혀는 맛 본다
然於一一法	그러면서도 낱낱 일체의 법은
依根葉分布	근본과 지엽에 두루 의존한다
本末須歸宗	근본과 지말도 응당 궁극으로
尊卑用其語	귀천을 가리지 않고 돌아간다
當明中有暗	밝음에 본래부터 어둠 있으니
勿以暗相遇	어둠의 상으로 헤아리지 말라
當暗中有明	어둠에도 본래 밝음이 있기에
勿以明相覩	밝음의 형상으로 찾으려 말라
明暗各相對	밝음과 어둠 서로간의 관계는
比如前後步	걸음걸이와 같아 앞뒤가 없다
萬物自有功	만물은 애초부터 공능이 있어

當言用及處	본래 작용과 용처가 있으려니
事存函蓋合	상자와 뚜껑이 들어맞듯 하고
理應箭鋒拄	화살끝이 서로 부딪치듯 하다
承言須會宗	언어를 통해서 종지 얻어야지
勿自立規矩	말이나 규범을 따르지 말아라
觸目不會道	눈으로 보고도 도를 모른다면
運足焉知路	걸음이 어찌 목적지 알겠는가
進步非近遠	무심히 나아가니 원근 없지만
迷隔山河固	미혹하면 앞뒤가 막히고 만다
謹白參玄人	이에 그대들 참학인에 권하니
光陰莫虛度	부디 열심히 정진하기 바라네

 석두희천이 『참동계』를 저술한 이유는 이전 시대부터 있던 도교의 명칭을 빌려 자파의 가르침으로 삼으려는 뜻이 있었다. 곧 『참동계』라는 제목은 위나라 백양(伯陽)이 쓴 『참동계』 3권의 선서(仙書)에서 따온 것이었다. 백양의 제목의 뜻을 보면 천(天)·지(地)·인(人)이 참(參)이고, 그것이 하나로 합하여 가이없는 것을 동계(同契)라 하여 그 원리를 자연에서 빌려온 것이다. 그러나 석두희천의 『참동계』는 그와는 다르다. 단지 말만 빌렸을 뿐 그 내용을 완전히 바꿨다. 즉 석두의 『참동계』에서는 뜻을 오직 불법의 대의인 만법일여(萬法一如)와 연기무생(緣起無生)의 도리에 바탕을 두

고 있었다.

『참동계』의 제목인 참·동·계라는 세 글자는 전편의 대의이기도 하다. 참(參)은 삼라만상과 사성육범(四聖六凡) 등 일체가 각각 차별의 모습으로 나타나 있는 것이다. 동(同)은 일체가 현상으로 보면 각각 천차만별이지만 본체로 보면 추호도 차이가 없는 제법평등의 원리를 지니고 있다. 계(契)는 앞의 참(參)의 차별현상과 동(同)의 제법평등이 상호간에 상즉상입(相卽相入)하는 묘용을 나타낸다.

이리하여 참(參)은 차별적인 만유현상의 모습으로 형상을, 그리고 동(同)은 그 현상의 이면에 깔려 있는 본체로서의 근본을 말하는 바탕을, 나아가서 계(契)는 이러한 차별현상과 그 동일성으로서의 본체를 열린 관계[回互]와 닫힌 관계[不回互]의 원리로 수용하는 차별이 곧 평등이고 평등이 곧 차별이라는 만법의 묘용에 배대된다.

이처럼 석두의 『참동계』는 내용에 있어서 백양의 『참동계』와는 사뭇 다른 설명을 하고 있다. 석두는 이러한 만법평등의 원리에 입각하여 당시 남돈북점(南頓北漸)이라는 남종과 북종 사이의 상호배격을 일소하여 평등일여의 대도를 천명하려는 의도를 지니고 있었다.

본 내용을 보면 처음 4구는 사람에게는 근기의 차별이 따로 있을지라도 부처님의 마음은 본래부터 남돈북점이 없이 일미평등(一味平等)하다는 말이다. 이것은 출발부터 당시에 팽배

해 있던 남종 및 북종이라는 분별심을 지양하는 입장이다.

그리고 이후부터는 일미평등한 불법의 도리를 일곱 단락으로 나누어 하나의 근원이 온갖 현상으로 드러나며[一源卽萬派] 온갖 현상은 결국 한 가지 근원이라는[萬派卽一源] 도리를 방편과 진실로서 설명한다. 이와 같은 진실한 깨침은 언설의 현상을 초월한 것으로 그 근본종지를 꿰뚫어야 한다는 것이다. 나아가서 마지막 부분에서는 몸소 왕삼매(王三昧)의 체험을 통한 부처의 마음은 바로 다름아닌 법은 본래 동일하다는 것이다.

이 법의 동일성이야말로 영원한 불법으로 통하는 열린 관계 참(參)과 동(同)과 계(契)의 본래의 의미를 더욱 확실하게 보여 주고 있다. 따라서 『참동계』가 드러내고 있는 하나의 근원이 온갖 현상으로 드러나는[一源卽萬派] 도리와 열린 관계이면서 동시에 닫힌 관계이기도 한[回互卽不回互] 일미평등의 원리는 이하 동산과 조산에 있어서 오위사상의 기초를 제공해 주고 있다.

3) 석두희천의 『초암가』

다음으로 석두희천의 『초암가(草庵歌)』는 진실한 수행에 힘쓰고 있는 납자의 본분을 안빈낙도와 깨침에 대한 자긍심으로 가득차 있는 시이다. 여기에서 유위(有爲)에 떨어지지 않는 초탈하고 탈속한 조동의 종지를 엿보기에 충분하다.

吾結草庵無寶貝	띠 풀로 엮어만든 움막은 치장할 것도 없다네
飯了從容圖睡快	여기에서 밥 먹고 잠을 자니 참으로 가뿐하네
成時初見茆草新	지어놓고 보니 지붕의 띠 풀 새것처럼 보여도
破後還將茆草蓋	낡아 흐트러지면 그 위에 새로운 띠 없다네
住庵人鎭常在	초암에 깃들어 사는 사람 영원을 딛고 살면서
不屬中間與內外	중간이나 안과 밖의 어디에도 속하지 않는다네
世人住處我不住	이처럼 세상사람이 사는 곳에 나는 살지 않고
世人愛處我不愛	세상사람들이 좋아하는 것 나는 좋아하지 않네
庵雖小含法界	초암이 비록 좁디좁지만 법계를 다 머금었기에
方丈老人相體解	방장 큰스님이 거동하기에 조금도 불편이 없고
上乘菩薩信無疑	최상승보살도 전혀 옹색하지 않음을 믿는다네
中下聞之必生怪	그러나 중·하근기는 그것을 이해하지 못하고
問此庵壞不壞	초암이 언제 무너질지 몰라 궁금하여 묻는다네
壞與不壞主元在	무너지건 말건간에 주인은 본래 그곳에 있으며
不居南北與東西	남북이나 동서에 치우쳐 따로 머물지 않는다네
基址堅牢以爲最	초막이 자리한 자리는 견고함을 최상으로 삼고
靑松下明窓內	푸른 소나무 그늘 아래 밝은 창 하나 나 있어
玉殿朱樓未爲對	화려한 궁전 으리한 누각에 비할 바 아니라네

衲被懞頭萬事休	몸에 걸치고 머리에 두른 것 모두 던져버리니
此時山僧都不會	바로 이 때는 내사 모든 것 알 바가 아니라네
住此庵休作解	이 초암에는 온갖 분별심조차 일어나지 않으니
誰誇鋪席圖人買	뉘라서 법석을 베풀어 납자를 제접한다 하리요
廻光返照便歸來	회광반조하여 본래의 근본도리 깨우치고 보면
廓達靈根非向背	신령스런 근원 통달하여 긍정·부정 초월하네
遇祖師 親訓誨	눈 밝은 조사를 참하여 친히 가르침을 받아서
結草爲庵莫生退	홀로 암자를 지어놓고 퇴굴심도 없이 지내면서
百年抛却任縱橫	한평생 없는 셈치고 수행하여 뜻을 얻고 나니
擺手便行且無罪	손 놓고 일 없어도 전혀 어그러지지 않는다네
千種言 萬般解	천 가지 갖가지 언설장구와 만 가지 분별심은
只要教君長不昧	다만 참학인을 가르치기 위한 방편일 뿐이라네
欲識庵中不死人	초암에 살고 있는 깨친 사람을 알고자 하거든
豈離而今這皮袋	어찌 지금의 육신을 떠나 다른 곳에서 찾으랴

3. 조동선지의 전개

1) 동산양개의 조동선지

(1) 『보경삼매』

동산오위는 동산양개의 『보경삼매(寶鏡三昧)』 『오위현결(五位顯訣)』로부터 그 연원을 찾을 수 있다. 이것은 앞서 살펴 본 석두희천의 『참동계』에서 설명한 열린 관계와 닫힌 관계의 사상에 근거한 것으로서 그 연장 내지는 발전이기도 하다. 이제 『참동계』의 이러한 사상의 흐름을 계승한 『보경삼매』와 『오위현결』의 내용은 다음과 같다.

『보경삼매(寶鏡三昧)』 혹은 『보경삼매가(寶鏡三昧歌)』는 중국선종의 오가칠종 가운데 소위 조동종파의 개조인 동산양개가 저술한 것으로서 일종의 선리(禪理)를 게송의 형태로 간략하게 서술한 것이다. 이 제목에서 보여주는 바 보경(寶鏡)은 비유이고 삼매(三昧)는 법이다. 따라서 보경삼매는 달리 금강삼매(金剛三昧), 그리고 『열반경』에서 말하는 조경삼매(照鏡三昧)와도 같은 의미를 내포하고 있다.

여기에서 보경삼매는 보배거울[寶鏡]이 영롱하게 비추어 꿰뚫는[照徹] 것과 같아서 일찍이 만상의 흔적을 남긴 적이 없는 모습이다. 마치 추호의 의심이나 번뇌도 남아 있지 않는 명경지수 같은 본증(本證)의 비유이다. 거울의 작용이 이처럼 묘심(妙心)으로써 오랑캐[胡]와 본토의 사람[漢]을 구별하지 않고, 좋음[好]과 싫음[醜]을 변별함에 있어서도 서로 어긋나지 않는 것을 보경삼매라 하였다.

우리의 마음도 순일무잡하게 되면 어느 것이나 있는 그대로 비추어 낸다는 것을 비유한 것이다. 형체(形)과 그림자(影)는 본질과 현상으로서 같으면서도 다르다. 소위 전동(全同)이고 전별(全別)로서 열린 관계와 닫힌 관계의 구조이다. 이 보경삼매의 인(印)을 받아지니면 이른바 편정(偏正)·군신(君臣)·부자(父子) 등 공위(功位)의 일체를 아울러 비추어도 서로 방해가 없다고 하여 열린 관계의 보살행을 가지고 조동종파에서는 자파의 참된 보경으로 삼은 것이다.

이보다 앞서 석두희천은 『참동계』를 지어 참(參)과 동(同)이 서로 계합하는 논리로써 조동가풍의 열린 관계의 원천적인 도리를 설한 적이 있었다. 이제 동산양개가 그 도리를 이어받아 보경삼매의 뜻으로서 후학납자들을 지도하는 하나의 표준으로 삼기 위하여 그 이치를 널리 편 것이 본 『보경삼매』이다.

이 『보경삼매』의 골자는 곧 첫머리의 여시지법(如是之法)이다. 여시지법은 서천에서 동토로 불조께서 전승한 삼매이다. 동산은 이른바 운암으로부터 친히 보경삼매의 인가를 받았다고 말하는데 바로 그것을 말한다. 이 삼매가 지니고 있는 종지를 드러내기 위하여 94구 376언으로 운을 맞추어 이 한 편의 제목을 지었던 것이다.

운암이 이 『보경삼매』를 지었다는 고금의 많은 설이 있으나 결정코 동산의 저술임은 의심의 여지가 없다. 왜냐하면 동산 이전에는 결코 이러한 문체와 언변이 없었기 때문이다. 하물며 편정(偏正) · 군신(君臣) 등은 동산 이전에 그 어느 누구도 말한 적이 없기 때문이다. 그 가운데 있는 어구들도 모두 '과수오도게(過水悟道偈)'와 같은 내용들이기 때문이다. 이제 그 내용을 살펴보기로 한다.

1. 如是之法 佛祖密付 汝今得之 宜善保護
부처님의 가르침을 불조께서 은밀히 전했으니
이제 그것을 얻었으니 마땅히 잘 지녀야 한다

여시(如是)의 두 글자는 여래께서 일생동안 가르친 경전의 머리말이기도 하다. 그러면서 이 보경삼매에서 말한 여시(如是)는 모든 경전에서 말한 여시와는 다르기도 하다. 운암의 관점에서 보자면 여(如)는 불변(不變)의 뜻이고 시(是)는 불역(不易)의 뜻으로 고금을 통해 변천하지 않고 바뀜이 없는 것을 여시지법이라 한다. 이런 즉 이 『보경삼매』를 가리켜 그렇게 말한 것이다. 이 법은 삼세제불과 역대조사들이 이심전심의 방식으로 상속하여 부단히 이어져 온 것으로 세간에 따른다든가 사람에 따라 바뀜이 있는 것을 말한 것이 아니다. 그러므로 은밀히 부촉한다고 했던 것이다. 이 법을 수지하는 직접적인 사람은 조산본적이다. 비록 법을 얻었다 하더라도 만약에 보호하고 터득하는 비결을 같지 못한다면 우리 가풍의 근본이 되지 못한다. 그러므로 사자면수(師資面授) 때에 자상하게 비유를 들어 다음 2.와 같이 말한다.

2. 銀碗盛雪 明月藏鷺 類之不齊 混則知處
은주발에 소복한 흰눈과 밝은 달빛속에 깃든 해오라기
비슷하지만 같지 않고 뒤섞여 있건만 자기자리를 안다

  이것은 여시지법을 형용한 것이다. 편(偏)과 정(正)의 중(中)과 외(外)를 나누지 않은 것은 흡사 은주발속의 눈과 달빛 아래의 해오라기처럼 색깔이 한 가지이지만 은주발은 은주발대로 눈은 눈대로이며, 일찍이 서로 같지 않아 함께 뒤섞여 있었으되 여전히 해오라기는 본래 해오라기요 달은 본래 달로서 본처가 분명한 것을 말한 것이다. 이것은 편정회호(偏正回互)의 종지를 비유한 것으로 편(偏)도 아니고 정(正)도 아니어서 흡사하나 뒤섞이지 않고 나뉘어져 있으나 다르지 않는 것이다.

3. 意不在言 來機亦赴
뜻은 언설에 들어있지 않지만
배우려는 사람 또한 찾아온다

여시지법은 본래 언어를 여의었지만 학자들이 와서 묻는 이들이 있다. 따라서 부득이하게 그들을 위하여 말로 설해주는 것이다. 마치 보경이 오는 것 막지 않고 가는 것 잡지 않지만 보경이 지니고 있는 만물을 그대로 비추어내는 작용은 항상 분명하고 고요하여 멈추지 않는다. 삼매의 묘(妙) 또한 마찬가지이다.

4. 動成窠臼 差落顧佇
움직이면 도리에 얽매이고
실수하면 빼도박도 못한다

움직인다[動]는 것은 상도(常道)를 벗어났다는 것이요, 과(窠)라는 것은 땅에 뚫려있는 구멍[穴]이고, 구(臼)는 문돌쩌귀의 구멍이며, 차(差)는 이치를 잃어버렸다는 뜻이고, 고저(顧佇)는 생각을 결정하지 못하는 것이다. 만약 일념이 상도를 잃으면 움직여서 구렁텅이에 빠지게되어 자유롭지 못하게 된다. 진실로 깨쳐 움직여도 깨침이라는 굴레를 이루고 마는데 하물며 미혹하여 움직이면 그것이 얼마나 심각하겠는가. 이러한 즉 정리(正理)에 어긋나면 가만히 생각을 돌이켜보아도 곧 끝내 어그러지고 만다.

5. 背觸俱非 如大火聚
부정해도 긍정을 해도 모두가 어그러지니
불에 닿으면 데이고 등지면 무용지물이다

긍정하면 편정(偏正)에 떨어지고 부정하면 정편(正偏)에 어긋나는 것이 마치 큰 불덩이 같아 닿으면 태워버리고 멀리하면 불을 쓸 수가 없다. 그런 즉 필경에는 부정과 긍정을 여의는 것이 활삼매(活三昧)이다. 이것은 후에 굉지정각이 『금강경』을 인용하여 설명을 가한다. 곧 금강삼매에서 말한 업장소멸에 대하여 좌선을 통하지 않고 입으로만 되뇌어서는 안된다는 내용이다. 굉지가 『금강경』의 내용을 인용한 까닭은 경전의 문자에 집착하지 않고 경전의 문자를 자기 수행의 측면에서 활용할 것을 가리키는 것이다. 이에서는 경전을 여의어서도 안되고 집착해서도 안되며 부정해도 안되고 긍정해도 안되는 원리로서 실참실오(實參實悟)하는 것이 중요함을 말하는 것이다.

6. 但形文彩 卽屬染汚
文彩가 나타나기만 해도

染汚에 집착하는 것이다

  이와 같은 까닭으로 인하여 언어로써 문채를 형성하자 마자 곧 염오를 면치 못하게 된다. 이 법은 능히 긍정도 부정도 하지 않을 뿐만아니라 또한 중(中)을 범하지도 않는다. 곧 그 문채는 비록 형체를 취하지 않으나 때때로 드러나지 않을 수 없으니 두루 처하지 않는 곳이 없다. 이것이 바로 눈꼽만치도 염오되지 않는 삼매이다.

7. 夜半正明 天曉不露
한밤중은 오히려 밝음이요
새벽녘은 또한 어두움이다

  한밤중이 바로 대낮과 같이 밝으니 이것은 정중편(正中偏)이고 새벽녘이 바로 어두운 것이니 이것은 편중정(偏中正)이다. 이처럼 두 끝을 간섭하지 않고 또한 중(中)을 범하지도 않는다. 그러나 부득이 배우는 사람들이 찾아오니 굳이 문채의 모습도 아니고 염오에 속하지도 않는 종지의 뜻을 잠시 보여주는 것이다.

8. 爲物作則 用拔諸苦 雖非有爲 不是無語
중생을 위한 법칙으로 삼아 모든 괴로움을 제거해 준다

비록 유위는 아닐지라도 부득이 말로 표현할 밖에 없다

　이것은 원래 언어로도 비유할 수 없는 것이지만 배우는 사람들을 위해 규칙을 지어 건져 모든 고통을 제거해주니 언어가 없을 수 없는 것이다. 중생[物]은 배우러 오는 사람이고 모든 고통은 위의 과구(窠臼)와 고저(顧佇) 등을 가리킨다. 곧 일대사인연의 많은 가르침이 비록 유위생멸의 법은 아니지만 잠시 중생을 위해 방편으로 유위생멸의 법을 설하는 것이다. 그러나 모두 각각 수용하는 묘삼매(妙三昧)로 부터 벗어나면 유어(有語)이나 곧 무어(無語)이고 무어(無語)이나 또한 유어(有語)이다. 구체적인 것은 이하의 비유에서 설명하고 있다.

9. 如臨寶鏡 形影相睹 汝不是渠 渠正是汝
보경을 마주하면 형체와 그림자가 서로 비추고
자기와 사물은 다르나 사물과 자기는 하나이다

　이것은 『보경삼매』의 문채가 적연하게 비추어 묘용을 드러내는 것을 말한 것이다. 묘용이란 형체와 그림자가 서로 바라보는 것이다. 묘체란 보경을 가리킨다. 여(汝)는 본질을 가리키고 거(渠)는 영상을 가리킨다. 불시(不是)라는 두 글자를 잘 살펴보면 열린 관계의 의미가 함축되어 있다. 대개

일심의 묘체는 편과 정의 불가사의한 묘용을 갖추고 있어 온갖 변화에 응해도 방해받지 않고 모든 모습을 드러내도 머물지 않는다. 보경이 비록 만상을 비추나 그 흔적을 남기지 않은 것은 그 근본이 보경삼매이기 때문이다.

이하로부터 9. - 12.는 한 가지[一事]에 다섯 가지 모습[五相]의 비유를 갖추고 있음을 들어서 일위에 오위의 뜻이 있음을 보인 것이다. 이것은 일방의 관점을 깨뜨려 그것을 집착없는 참된 종지로 돌아가게끔 한 것이다. 만약 총과 별로 그것을 판단해 보면 이것은 보경을 비유한 총이고, 이하 10. 11. 12. 13. 등 넷은 보경을 비유한 별이다.

10. 如世嬰兒 五相完具 不去不來 不起不住 婆婆和和 有句無句 終不得物 語未正故
영아가 五相은 모두 갖추고 있지만
가고 오며 일어나고 머물지 못한다
무위 · 유위 · 긍정 · 부정을 못한 것
말이 아직 정확하지 못한 까닭이다

『열반경』의 영아행을 들어서 일법에 오위가 있음을 보인 것이다. 흡사 세상에 막 태어난 어린아이가 오상(五相)을 갖추고 옹알옹알하며 말을 배우는 것과 같다. 어린아이가 말을 배워 옹알옹알 하면서 뜻이 분명하지 못할 때에는 말 있음[有句]도 아니고 말 없음[無句]도 아니다. 그러므로 끝내 사물을 가리켜 그 의미를 알아들을 수가 없는 것이다. 왜냐하면 말이 정확하지 않기 때문이다. 말이 정확하지 않으면 그 말에 의지할 수가 없으므로 사물을 가리킬 수 없어 핵심을 파악할 수가 없다.

11. 重離六爻 偏正回互 疊而爲三 變盡成五
중과 이의 여섯 효는 편과 정의 회호로서
합이 세 가지 경우이고 변이 다섯 경우네

 위의 단락은 설이 분분하여 일정하지가 않다. 모두 오위를 역괘에 배당하여 각각의 설에도 일리가 있다. 그러나 운암은 '한 가지에 다섯 가지 비유가 있으나 그것을 괘효(卦爻)의 이합(離合)으로 논할 수는 없는 것이다. 영아의 오상과 지초(芝草)의 다섯 가지 맛이 모두 마찬가지이다. 자칫 역(易)을 끌어다 맞춰 그것을 해석하다가는 조사의 뜻을 해칠까 염려된다' 라고 말하고 있다. 이것은 '만약 불법이 편과 정의 국량에 의하여 전해 왔다면 어찌 오늘에까지 이르렀겠는가' 라는 말을 대변해 주고 있다. 여기에서 괘가 겹친다는 중(重)의 경우도 이와 같음을 알 수 있다.
 말하자면 중리육효(重離六爻)는 역(易)의 64괘 가운데 이(離 ☲)를 거듭 위아래로 겹쳐놓은 모습(䷝)의 여섯 개의 효를 말한다. 이것을 가지고 아래로부터 첫째를 둘째 위에, 셋째를 넷째 위에, 다섯째를 여섯째 위에 올려놓으면 태(兌 ☱)의 괘가 된다.

이 겉의 태(兌)의 괘를 전부 제거하고 보면 속에 있던 손(巽 ☴)의 괘가 나온다. 그런데 이 손(巽)의 윗쪽에 앞의 태(兌)를 올려놓고 보면 즉 택풍대과(澤風大過 ䷛)의 괘가 된다.

또 이 여섯 개의 효를 앞서처럼 하나씩 위에 겹쳐 놓고 보면 손(巽)의 괘가 되어 태(兌)의 괘가 그 아래에 놓이게 된다. 이것을 앞처럼 다시 내려놓고 보면 즉 풍택중부(風澤中孚 ䷼)의 괘가 된다.

또 이 여섯 효를 하나씩 위에 겹쳐 놓으면 곧 이(離 ☲)의 괘가 된다. 그것을 다시 앞처럼 세 효를 아래로 내려놓으면 원래의 중리(重離 ䷝) 괘가 된다. 이것은 여섯 효를 아래로부터 위로 겹쳐 변환시킨 것이지만 이외는 반대로 위로부터 아래로 겹쳐 변환시켜도 마찬가지이다.

중리(重離 ䷝) 괘를 위로부터 하나씩 내려 겹치면 손(巽 ☴)의 괘가 된다. 겉에 있는 그 세 효를 내려놓으면 택풍대과(澤風大過 ䷛)의 괘가 된다. 또 이 효를 하나씩 아래로 겹쳐놓으면 태(兌 ☱)의 괘가 되고 손(巽 ☴)의 괘가 그 아래에 놓이게 된다.

이것을 다시 위 세 효를 아래로 내리면 풍택중부(風澤中孚 ䷼)의 괘가 된다. 다시 이 여섯 효를 하나씩 아래로 겹치면 이(離☲)의 괘가 된다. 다시 겉의 세 효를 아래로 내려놓으면 원래의 중리(重離 ䷝)의 괘가 된다.

이처럼 아래로부터 위로 겹쳐도, 위로부터 아래로 겹쳐도 마찬가지가 된다. 겹치는 것은 세 효이지만 그것이 변환하면서 다섯 가지 모습을 나타낸다. 이것이 무한히 반복되는 것이 첩이위삼 변진성오(疊而爲三 變盡成五)이다.

그것을 오위에 배대시켜 보면 각각 중리(重離 ䷝)의 괘는 겸중도(兼中到), 손(巽 ☴)의 괘는 정중편(正中偏), 택풍대과(澤風大過 ䷛)의 괘는 정중래(正中來), 태(兌 ☱)의 괘는 편중정(偏中正), 풍택중부(風澤中孚 ䷼)의 괘는 편중지(偏中至)가 된다.

이것이 일신즉오상(一身卽五相)이고 오상즉일신(五相卽一身)처럼 일위즉오위(一位卽五位)이고 오위즉일위(五位卽一位)의 열린 관계[回互]이다. 이 오위는 우주만유가 평등의 본체를 떠나지 않는 이른바 색즉시공 공즉시색(色卽是空 空卽是色)으로서 차별 그대로 평등이고 평등 그대로 차별임을 나타낸다.

12. 如莖草味 如金剛杵
莖草의 맛과 동일하고
金剛杵의 모습과 같다

치초(茎草)는 지초(芝草)와 같은 의미가 있는데 그 뜻은 말을 통한 설명을 허용하지 않는다. 금강저는 모든 것을 부순다는 공능이 있음을 취한 것이다. 언설은 정(正)으로써 편(偏)에 집착의 병통을 쳐부수고, 편(偏)으로써 정(正)에 집착하는 견해를 쳐부순다. 그러나 이 부순다는 뜻으로는 부족하다. 이를테면 금강저(金剛杵)는 그 형태가 양쪽으로 두 갈래씩 벌어져 있어 모두 네 모서리가 있으며 여기에 다시 중간의 가는 부분을 다섯 번째로 간주한 것이다. 그래서 머리와 끝은 넓고 중간 부분은 좁은 모습이다. 오위를 이 모습에 비유한 것은 그 형상에서 말미암은 것이다.

13. 正中妙挾 敲唱雙擧
치우침 없는 오묘한 작용이기에
북소리 따라 노래함이 어울리네

정중(正中)이란 한 가운데 꽂는 깃발처럼 올바른 자리로서 진여법성의 평등으로 이른바 영원(靈源)이요 공계무물(空界無物)의 바탕이다. 묘협(妙挾)이란 정위(正位)에 부사의한 자연묘덕이 있음을 말한 것으로서 일체만물의 묘용이 끼어 있음을 말한다. 일체유위의 제법은 온갖 차별과 갈래가 있으면서도 어지럽지 않는 것이다. 고(鼓)란 학인이 와서 스승에게 묻는 것으로 편(偏)을 말한다. 창(唱)은 스승이 학인의 물음에 답하는 것으로 정(正)을 말한다. 쌍거(雙擧)란 스승과 제자가 의기투합하고 손님과 주인이 어울리는 것이다.

14. 通宗通途 挾帶挾路
정상에 통하고 바닥에 통하며
수행을 하여 깨침에 도달하네

 종(宗)이란 자신이 무량한 묘덕을 일으켜 광대한 법락을 수용하는 것으로 제일의 경지를 가리킨다. 도(途)란 방편으로 형상을 나타내며 대신통을 부려 다른 중생들로 하여금 일제히 그 법락을 수용케 하는 것으로 화광동진(和光同塵)하는 모습이다. 그러므로 종(宗)에 통하고 도(途)에 통한다는 것은 종통과 설통을 겸했다는 뜻이다. 대를 품는다[挾帶]는 것은 종(宗)에 통한 협대(挾帶)로서 그 종(宗)을 몸소 깨치는 것으로 파주(把住)이고 노를 품는다[挾路]는 협로는 도(途)에 통한 협지(挾持)이기도 하는데 그 도(途)를 나타내 보이는 것으로 방행(放行)이다. 협대는 편(偏)에서 정(正)으로 돌아가는 모습으로 편중지(偏中至)이고, 협로는 정(正)에서 편(偏)으로 나아가는 모습으로 정중래(正中來)이다.

15. 錯然則吉 不可犯忤
서로 존중하니 즉 길하여

감히 범할 수조차 없다네

착연(錯然)은 공경하고 삼가는 모습이다. 正位는 존귀하므로 그것을 경외하고 근신하면 곧 종내토록 길하고 그렇지 않은즉 흉함이 멈추지 않는다. 그러므로 범할 수조차 없어 감히 거스르지 않는다고 말하는 것이다. 또한 착(錯)은 교착(交錯)의 뜻으로 정(正)도 아니고 편(偏)도 아니면서 편과 정이 교착하여 서로 범하지 않은 즉 길하고 형통한 것을 말하기도 한다.

16. 天眞而妙 不屬迷悟 因緣時節 寂然昭著
천진 미묘하여 미오가 없고
인연과 시절 고요히 비춘다

『보경삼매』는 이른바 허현대도(虛玄大道)로서 천연순진하고 불가사의한 공용을 갖추고 있다. 그러므로 미와 오, 범과 성에 속하지 않는다. 그 까닭은 미오가 사람에게 있는 것이지 도의 본래 성품은 아니기 때문이다. 그런즉 이 도는 무릇 일체시절과 일체의 인연에서 자연히 현성한 것이므로 조작에 관계없고, 본체가 적연하므로 동요에 간섭받지 않는다. 인연의 모임이기 때문에 시절을 만나면 홀연히 현성하여 밝게 비추므로 덮을 수가 없게 된다. 이른바 만상에서 고요하고 허공에서 작용하는 것이 바로 그것이다. 만약 이것으로 판별하자면 적연(寂然)은 보경의 체(體)이고 조착(照着)은 보경의 용(用)이다.

17. 細入無間 大絶方所 毫忽之差 不應律呂
작기로는 틈이 없고 크기는 방소가 없어
털끝만큼의 차이라도 화음에서 벗어난다

  본체는 두루하여 다 덮으니 지극히 크고 지극히 작아서 모자람도 없고 남음도 없으며 내외와 표리에 통철하여 걸림이 없다. 그러므로 틈이 없는 곳에 들어가고 방소를 끊는다고 말한다. 그러니 하가든이 겉모습에 끄달리지 않으면서도 그대로 인연시절에만 내맡겨 이것을 구하는 것도 모르고 있으니 가엾다. 이것을 구하여 방(方)이 있으면 이에 편정(偏正)이 평등하게 규범이 되는 것이 그것이다. 한 번 규범을 잃으면 구하면 구할 수록 더욱 멀어진다. 비유컨대 악기의 줄이 절도를 잃으면 그 음률이 조화를 이루지 못하는 것과 같다.

18. 今有頓漸 緣立宗趣 宗趣分矣 卽是規矩
지금 돈점이 있어 종취를 세우고 보니
종취에 따라 그것이 곧 규범이 되었다

천진묘도는 일체처에 두루하지만 조금도 옳지 않는 경우가 없다. 그러나 사람의 성품에는 돈점이 있기 때문에 그 근기에 따라서 종취를 세워 이끈 것이다. 그 종취가 나뉘어져 규범이 된 것이다. 종(宗)이란 바로 그 자체에서 나타난 종지이고, 취(趣)란 거기에서 목표로 삼는 법칙이다. 규구(規矩)는 그 종취가 나뉘어짐에 이르러 그 법칙에 국량이 없는 것을 말한다. 헛되이 국량을 세워 수행하는 사람들이 법칙에 어긋나는 것을 방지하려는 것이다. 연(緣)의 뜻은 위아래의 문장에 관계되는 것을 말한다.

19. 宗通趣極 眞常流注
종지는 극에 나아가나
진리에는 더 멀어진다

여기에 이르러 다시 한 걸음 나아가 자비를 열어 보인다. 종(縱)으로는 종지를 통달하여 그것이 극을 만든다. 지견을 두게 되면 도리에 장애가 되어 진리로부터 더욱더 멀어짐을 면치 못하게 된다. 진상이란 진실상항(眞實常恒)을 말한다. 유주(流注)란 팔식에 훈습된 미세한 번뇌가 항상 흘러 멈추지 않는 것이다. 일단 도리를 터득하여 그것으로 종취를 다하면 비록 거친 번뇌를 끊을지라도 지견을 완전하게 없애지 못하면 곧 훈습번뇌가 되어 각(覺)도 못하고 지(知)도 못하여 항상 유주(流注)한다.

20. 外寂中搖 係駒伏鼠
겉은 고요하나 안은 시끄러우니
묶인 망아지요 엎드린 쥐꼴이다

  겉으로는 고요하다[外寂]는 것은 진상(眞常)이고, 안으로는 시끄럽다[內搖]는 것은 유주(流注)이다. 지견이 없어지지 않으면 망아지와 쥐가 모습[몸]은 여기에 묶이고 엎드려 있으나 마음은 저기에서 바쁘게 내달으니 끝내 훔치는 마음이 없어지지 않는다.

21. 先聖悲之 爲法檀度 隨其顚倒 以緇爲素 顚倒想滅 肯心自許
예 성인들은 그것을 가엾이 여겨
전도를 따라서 널리 법을 베풀어
방편으로 전도상을 소멸함으로써
마음 깊이 긍정하여 터득케 한다

  선성(先聖)이란 불불조조(佛佛祖祖)로서 배우는 사람들이 대부분 진상유주의 땅에 머물러 미세한 습기를 다하지 못함을 가엾이 여겨 법의 대시주가 되는 것이다. 그러므로 그 근기의 전도됨을 관찰하여 치(緇)로써 소(素)를 삼기도 하고 소(素)로써 치(緇)를 삼기도 하는 것은 오직 그들로 하여금 전도됨을 멸하게 하려는 방편이다. 만약 전도됨에서 벗어나면 스승은 더 이상 방편교화에 의지하지 않는다. 바야흐로 각자 자성이 구족되어 있어 밖을 향해 치달리지 않아야 함을 믿게 한다. 이것이 곧 마음을 스스로 긍정하는 것이다. 비록 스스로 긍정을 했을지라도 털끝만치라도 어긋나면 곧 천 리나 멀어지게 된다.

22. 要合古轍 請觀前古 佛道垂成 十劫觀樹

진리의 법칙 계합하고자 한다면
마땅히 예전의 법도를 관찰하라
부처님의 깨침을 곧 성취하려면
성인의 본보기를 따라야 하리라

　마음으로 긍정함이 되어 도리어 깨친 이후의 병통이 될까 염려하여 이에 약을 취사선택하는 방법을 보인 것이다. 이 굴레를 끊고 이 깨침의 길로 나아가고자 하면 불조의 규범을 따라서 행해야 한다. 다행히 십 겁 동안 나무를 관찰하라는 『법화경』의 뛰어난 본보기의 가르침이 있으니 이를 짐작할 수 있다.

23. 如虎之缺 如馬之馵
이빨 빠진 호랑이요
절름발이 말과 같다

우리의 종지가 공훈을 귀하게 여기는 이유가 여기에 있다. 비유컨대 호랑이가 사람을 잡아먹으면 귀가 멀게 된다든가, 말의 왼쪽 다리에 흰색이 있으면 절름발이 말이라고 하는 경우와 같다. 공훈을 쌓음으로써 나타나는 증험이 이처럼 분명하다. 이빨 빠진 호랑이라는 것은 규범에 따르는 수행을 가리킨다. 말을 살펴보면 왼쪽 뒷다리가 흰 것을 주(馵)라 하고, 오른쪽 뒷다리가 흰 것을 양(驤)이라 하며, 네 발굽이 모두 흰 것을 전(騚)이라 한다.

24. 以有下劣 寶几珍御 以有驚異 黧奴白牯
하열한 사람에 보배를 내보이니
놀란 사람은 솥뚜껑에도 놀란다

세존께서 최초로 설한 『화엄경』은 대승보살이어야 겨우 발심하는 것이지 소승의 하열한 근기는 귀머거리 같고 벙어리 같아 알아듣지 못한다. 비유하자면 가난뱅이 아이는 하열한 근기여서 장자가 자기의 진짜 아버지인 줄을 모르고 믿지 않자 아버지는 그것을 가엾이 여겨 보배를 써서 그로

하여금 보배를 갖고 싶다는 마음을 내게 하였으나 그가 도리어 놀라 버렸다.

이른바 가난뱅이는 자기가 재물을 얻을 자격이 없는 사람이라고 생각한 것이다. 그래서 아버지인 장자는 그 영락으로 꾸민 옷을 벗고 남루하고 때묻은 옷을 걸쳤다. 그리하여 억지로 똥 치는 그릇을 가지고 가까이 접근하여 백고(白牯)와 여노(驪奴)의 둘이 응당 같은 부류임을 보였다. 이로써 법을 일러주고 갖가지 규범을 시설하여 학자들을 길러내는 바 되었다.

25. 羿以巧力 射中百步 箭鋒相値 巧力何預
예는 솜씨가 좋아 백 보에서도 맞추지만
화살 끝이 서로 부딪치는 치열한 경우엔
좋은 솜씨로도 예상조차 할 수가 없다네

위와 같이 많은 방편으로 이끌어 근기마다 각각 도를 얻음이 없지는 않지만 천도(天道) 및 묘도(妙道)의 경지에 이르러서는 스승의 방편을 의용하지 않는다. 오직 마음으로 스스로 긍정한 이후에야 말을 붙일 수 있을 뿐이다. 비유하면 예(羿)라는 사람은 하(夏) 나라 때의 제후로서 궁술의 명인으로서 그의 활 쏘는 법은 백발백중이어서 즉 비록 솜씨가 썩 좋은 사람이었지만 예(羿)조차도 화살 끝이 서로 부덮치는 묘술을 지닌 사람 앞에서는 자신의 솜씨로는 감히 그 경지를 짐작할 바가 아니었다는 것이다.

26. 木人方歌 石女起舞 非情識到 寧容思慮
허수아비가 노래하고 石女가 춤을 춘다
분별의 경지 아닌데 어찌 사려이겠는가

  허수아비가 노래하고 석녀가 춤을 추는 것은 사량분별로 알아볼 수 있는 경지가 아니다. 천진묘용은 분별사식에 의하지 않으면서도 공훈을 베풀어주는 것도 이와 같다.

27. 臣奉於君 子順於父 不順非孝 不奉非輔
신하가 임금을 받들고 자식이 부모를 따르니
따르지 않으면 불효 받들지 않으면 불충이다

  위와 같이 사량분별의 경지를 용납하지 않는 것이야말로 화살 끝이 서로 부딪치는 것이요 편과 정이 상호간에 열려 있는 관계로서 회호하는 도리이다. 그러면 그것을 어떻게 보호해야 하는가. 오직 마땅히 세상의 충신과 효자가 임금과 아버지를 받들고 모시듯이 하여 범하지 않고 거스르지 않으며 어기지 않고 등지지 않음으로써 그 임금을 보좌하고 그 효(孝)를 성취해야 한다.

28. 潛行密用 如愚如魯 但能相續 名主中主
은근히 행동하고 은밀히 작용하여 바보같고
천치같이 계속해야 바야흐로 참 주인이라네

 신하와 자식이 받들고 따르는 공훈이 얕지 않다. 그러므로 임금과 아버지가 진실로 존귀해져 은근한 행위과 은밀한 작용으로 그 덕을 베풀게끔 되는 것이다. 즉 비록 바보 같고 천치 같아서 그 흔적일랑은 찾아볼 수 없을지라도 면면히 상속하여 허울뿐인 형상을 벗어나는 것이야말로 진정한 주인공이라 말한다.
 대개 은근과 은밀은 종적이 없고 바보와 천치는 분별이 없으니 곧 그 경지가 곧 보경이다. 상속하여 주(主)가 되어 수용에 다함이 없으니 곧 그것이 삼매이다. 곧 이 삼매를 체득하여 정과 편에 떨어지지 아니하고 수증에 간섭받지 않는 자가 진정한 주인공의 활기용(活機用)이다.

 이처럼 『보경삼매』는 고체시 형태의 게송으로서 그 의미는 동산 자신의 오도송인 과수오도게(過水悟道偈)와 함께 앞서 언급한 석두희천의 『참동계』와 상통해 있다. 따라서 근본적인 내용은 정과 편이 상호간에 열려 있는 관계로서 묘지(妙旨)를 설한 것이지만 그와 함께 수행의 방법과 교화의 요체를 보여주고 있다.

그 도리를 서술함에 있어 법을 배열하면서 적절한 곳에 비유를 통해 접근하고 있다. 우선 제목에서 볼 수 있듯이 보경은 비유이고 삼매는 법인데 이와 같은 것을 법유합성(法喩合成)이라 한다. 동산은 사람마다 보경을 구족하고 있다는 것을 본래부터 어리석지 않은 묘심(妙心)에 비유한 것이다. 보(寶)는 존중한다는 뜻으로서 위없이 귀중하다는 의미이고, 경(鏡)은 허명하게 만상을 비추는 것이 털끝만치의 오차도 없는 것으로서 대원경지(大圓鏡智)를 일컫는 말이다.

거울은 그 자체가 본래 아무것도 지니고 있지 않는 것이라서 때가 끼지 않는다면 전혀 호오(好惡)·미추(美醜)·취사(取捨)가 없다. 특히 동산이 든 보경의 비유는 이후 조동가풍 특히 굉지정각이 말하는 본증자각(本證自覺)이라는 중요한 주제의 상징이기도 하다.

여기에서 언급하고 있는 은주발과 눈과 밝은 달과 해오라기는 모두 유사하면서도 같지 않고 서로 섞여 있으면서도 각기 제자리를 지키고 있다고 말한다. 곧 평등하면서도 차별이요, 차별이면서도 평등한 도리를 설한 것으로서 여시(如是)의 묘법(妙法)을 나타낸다.

그리고 대화취(大火聚)는 무엇이든지 태워 없애버리는 것을 비유하였다. 그러나 쉽게 부정할 수도 없고 쉽게 긍정할 수도 없는 언어도단과 심행처멸의 경지를 드러내 보였다. 나아가서 깜깜한 밤이 도리어 밝고 밝은 새벽이 도리어 어듭다고 표현한 것은 암중명이고 명중암으로서 현상이 곧 본체이고 본체가 곧 현상임을 말한 것이다.

나아가서 보경을 영아의 오상(五相)·중리의 오성(五成)·지초의 오미(五味)·금강저의 오고(五鈷)는 각각 하나가 곧 다섯이고 다섯이 곧 하나라는 도리를 나타낸 것으로 일심이 만법이고 만법이 일심임을 가리킨다. 그러나 그 논리적인 측면으로 보면 동산양개가 제시하고 조산본적인 체계화시킨 오위(五位)의 구체적인 설명에 해당한다.

이와 같은 비유는 깨침을 추구하는 향상(向上)과 중생의 제도에 나아가는 향하(向下)에 자유자재하는 묘용의 극치였으나 아직은 사려분별의 모습이었다. 이제 허수아비와 석녀의 비유는 정식이나 분별이 아예 없는 무심의 묘용을 비유한 것으로 궁극적으로는 수행납자가 보살행을 실천해 나아가는 모습을 가리킨다. 그래서 마지막 부분에서는 현실로 돌아와 즉생활적인 일상생활에서의 묘용을 비유하였다.

이것이야말로 출세간의 불도가 현실 속에서 피어나 군신과 부자와 형제와 부부와 사제와 붕우 간에 이루어지는 도리임을 역설한다. 이것이 바로 여시지법(如是之法)의 법이연(法爾然)한 모습이다.

이처럼 『보경삼매』는 그 명칭과 비유 속에 한결같이 오위사상을 내포하고 있다. 특히 다섯 가지 비유는 정과 편이 오위의 행태로 전개되는 원리를 나타낸 것이다. 그러면서 『

보경삼매』는 동산양개의 다른 게송인 『신풍음(新豊吟)』·『현중명(玄中銘)』·『오위현결(五位顯訣)』·『강요송(綱要頌)』·『공훈오위송(功勳五位頌)』 등과 함께 그의 철학적이고 형이상학적인 사상을 사상에 그친 것이 아니라 그 저변에는 반드시 수행의 실천적인 측면을 강조하였다.

단순한 언어유희나 깨침의 기쁨을 토로하는 데에 그치는 게송이라면 그것은 하나의 문학작품에 불과할 것이다. 그러나 동산의 게송은 당시에 철학시(哲學詩)요 수도시(修道詩)의 금과옥조로서 수용되었다. 따라서 바로 자신이 깨친 오묘한 선리를 비유를 통하여 제자들에 대한 접화 및 수행의 지침으로 삼고 그것을 실천수행으로 이끌어갔다는 점에서 동산사상의 특징을 엿볼 수 있다.

(2) 『오위현결』

동산양개는 불조의 혜명을 계승하는 수행방법의 하나로 오위라는 독특한 가풍을 제자인 조산본적에게 전수하고 조산본적이 그것을 계승하여 하나의 사상으로 정립한 것이 이른바 편정오위(偏正五位)이다. 이 편정오위는 조동종파의 기본사상으로 정착되어 달리 조동오위(曹洞五位)라 불리우기도 한다. 이것은 조동종파의 가장 중요한 교의 가운데 하나로서 수행인이 진리를 터득하는 행태를 정과 편을 각각의 측면을 다섯 항목으로 나타낸 것이다.

그런데 이 오위에도 고래로부터 동산양개의 편정오위(偏正五位)와 공훈오위(功勳五位), 그리고 조산본적의 군신오위(君臣五位), 석상경제의 왕자오위(王子五位) 등 네 종류가 설해져 있다. 이 네 종류의 오위는 모두 동산의 『오위현결(五位顯訣)』에 기초하여 나온 것들이다. 곧 공훈오위와 편정오위는 같은 동산의 오위로서 편정오위가 열린 관계와 닫힌 관계의 역동적인 이론을 강조한 것이라면, 공훈오위는 그 실천적인 측면을 강조한 것이다.

그런데 동산이 이 네 종류 오위의 근본인 『오위현결』을 창출하게 된 직접적인 의도로서는 자신이 지은 『보경삼매』 속의 편정회호(偏正回互)라는 용어의 의미를 보다 명확하게 해석하기 위한 것이었다.

이 『오위현결』의 내용은 현상과 본체, 그리고 현상과 본체의 열린 관계[回互]와 닫힌 관계[不回互] 등이 상징적으로 서술되어 있다. 따라서 이 오위의 뜻을 드러내어 수행자들의 안목으로 삼으려는 것이 동산의 의도였다. 이것을 기초로 한 오위사상은 이후 조동종파의 근본적인 교의로서 대단히 활발하게 전개되었다. 심지어 임제종파에서도 조동종파에 못지않게 유행하였다.

한편 이와 같은 오위에 관한 저술이 우리나라에서는 고려시대 일연의 『중편조동오위(重編曹洞五位)』가 있다. 일연의

『중편조동오위』는 종래 유행하던 조동종파의 오위사상의 집대성이라 할 만한 것으로 주목할 필요가 있다. 동산양개의 『오위현결』은 짤막한 내용이다. 그러나 이에 대하여 조산본적은 해석을 가하여 『해석동산오위현결(解釋洞山五位顯訣)』을 내놓았다. 먼저 동산의 『오위현결』 전문은 다음과 같다.

1) 정위(正位)의 입장으로서 물(物[偏位])을 상대하지 않는다. 때문에 편(偏)을 향해 나아가야 비로소 파악이 가능하다. 이런 점에서 정과 편의 두 의미가 원만하지 않으면 안 된다.
(正位卻偏 就偏辨得 是圓兩意)

2) 편위(偏位)는 편위이면서 동시에 정과 편의 두 의미를 원만히 구비하고 있다. 그래서 연(緣[偏位]) 곧 용(用) 가운데서 파악되면서도 무물(無物)이요 불촉(不觸)이다. 때문에 편위는 유어중(有語中)의 무어(無語)이다.
(偏位雖偏 亦圓兩意 緣中辨得 是有語中無語)

3) 순수한 정위만 있어 편위에 의하지 않는 가운데서 진리를 드러낸다. 때문에 정위중래(正位中來)는 무어중(無語中)의 유어(有語)이다.
(或有正位中來者。是無語中有語)

4) 단지 편위만 있어 그 편위를 활용한 가운데서 진리를 드러낸다. 때문에 편위중래(偏位中來)는 유어중(有語中)의 무어(無語)이다.
(或有偏位中來者 是有語中無語)

5) 정과 편이 함께 하여 진리를 드러낸다. 이 가운데에는 유어(有語)니 무어(無語)니 하는 것을 따로 분류하지 않고 그대로 진리를 향하여 원전(圓轉)하지 않음이 없다. 때문에 편위의 경우도 반드시 원전(圓轉)이다.
(或有相兼帶來者 這裏不說有語無語 這裏直須正面而去 這裏不得不圓轉 事須圓轉)

그러므로 깨침을 터득하기 이전에 이것저것 분별하는 것은 모두 병통이다. 그러므로 수행납자 자신이 모름지기 직접 어구를 깨쳐서 유어(有語)는 이렇고 무어(無語)는 저렇다고 분별하지 말고 마땅히 곧장 진리를 향해 나아가야 한다. 훌륭한 선지식에게 언어가 없을 수는 없다. 그러나 유어와 무어에 걸리지 않을 뿐이다. 그것을 일컬어 겸대어(兼帶語)라 한다. 겸대어는 전무(全無)이면서도 아울러 적적(的的)한 도리이다.
(然在途之語 總是病 夫當人先須辨得語句 正面而去 有語是恁麼來 無語是恁麼去 作家中不無言語 不涉有語無語 這個喚作

兼帶語 兼帶語全無的的也)

저 도오원지(道吾圓智) 스님이 입적에 즈음하여 대중에게 「그 때 운암스님은 (약산스님의 말씀을) 이해하지 못하였다. 당시에 내가 일러주지 않은 것이 후회스럽구나. 그렇긴 하지만 (운암스님이) 약산스님의 뜻을 거스른 것은 아니었다」라고 말했다.

저 도오원지 스님의 간절한 노파심을 보라. 남전스님이 말씀하신 이류중행(異類中行)을 신산승밀(神山僧密)은 아직 그런 도리가 있는지조차 모르는구나.

(他智上座臨遷化時 向人道 雲巖不知有 我悔當時不向伊說 雖然如此 且不違於藥山爺子 看他智上座合作麼生老婆也, 南泉曰 異類中行 且密闍黎不知有)

여기에서는 오위의 명칭이 (1) 正位却偏, (2) 偏位雖偏亦圓兩意, (3) 正位中來, (4) 偏位中來, (5) 相兼帶來 등으로 기록되어 있어 아직은 정형적으로 定立되어 있지 않는 상태다. 흔히 말하는 오위라는 명칭은 동산의 제자인 조산본적이 동산의 정편오위설의 원형인 『오위현결』에 간(揀)을 붙여 정중편(正中偏)·편중정(偏中正)·정중래(正中來)·편중지(偏中至)·겸중도(兼中到) 등으로 정형화시킨 후로부터 소위 편정오위라는 용어로 알려지게 되었다.

제2장 조동선의 종지 143

따라서 동산설의 정편오위와 조산설의 편정오위는 명칭만 다를 뿐 내용에는 아무런 차이가 없다. 이처럼 오위는 조동종파의 두 조사로부터 유래되었기 때문에 일반적으로 조동오위(曹洞五位)라는 말이 보다 보편적으로 사용되고 있다.

우선 (1) 정위(正位)의 정(正)은 대상적인 존재로서는 파악할 수 없는 본질로서 항상 형상속에 감추어져 있는 근본태(根本態)이다. 그것은 물[水]과 파도의 비유에서 물 그 자체[水性]에 해당한다. 파도의 본질은 물이기 때문에 파도는 물을 떠나서는 존재할 수 없는 바와 같다. 이러한 의미에서 정(正)은 진공(眞空) · 진실재(眞實在) · 본질(本質)로서 현상의 배후에 감추어져 있다. 따라서 관념론적인 내재론의 본질이면서 나아가 그러한 형이상학적인 실체에 머무르지 않고 오히려 일체의 현실을 현실이게끔 하는 동적인 근원자(根源者)이다. 그래서 정(正)은 흑원(黑圓 ●)으로 표현되어 있다.

조산은 정위(正位)에 대하여 스스로 그의 「축위송(逐位頌)」에서 삼경(三更) · 초야(初夜) · 월명전(月明前)이라는 말처럼 본체적인 입장의 암흑으로 나타낸다. 즉 위의 정위는 동용중(動用中)의 정(正)이다. 그래서 동용중(動用中)의 정(正)은 동용(動用)하여 만물이 되고 현상이 되어 있는 상태여서 이미 편(偏)으로 나타나 있다. 다시 말해 정(正)은 그대로 자체가 정(正)의 상태이지만 그것은 동용중(動用中)의 정

(正)이므로 이미 편(偏)이 되어 있다.

따라서 정(正)과 그 동용중(動用中)의 정(正) 즉 편(偏)의 상태는 물[水]과 파도의 관계와 같다. 동용중의 물[水]이 다름 아닌 파도이기 때문이다. 파도는 물[水]의 현상적인 형태로서 진공묘유(眞空妙有)이며 눈앞에 펼쳐진 삼라만상이다. 이 파도는 물[水]을 떠나서는 존립할 수 없는 것이어서 파도[偏]가 바로 물[正]이고 물이 바로 파도이다. 이리하여 물[水]과 파도의 不等의 관계가 원만해진다. 따라서 정(正)을 흑원(黑圓 ●)으로 나타내는 것에 상대하여 편(偏)은 백원(白圓 ○)으로 나타낸다.

이로써 정과 편의 위가 정해져 정은 주관(主觀)·주체(主體)·이(理)의 측면으로 성립하고, 편은 객관(客觀)·객체(客體)·사(事)의 측면으로 성립한다. 그러나 이 양자는 각각의 분리된 상태로는 어느 것도 온전하게 성립하지 못한다. 양자는 각각 그 자체의 본질상으로 보면 타자(他者)이면서 동시에 자기(自己)인 열린 관계[回互]와 닫힌 관계[不回互]의 입장에 서 있다. 다시 말해 서로 합일의 관계에 있으면서 동시에 긍정과 부정이라는 한정적인 관계이다. 바로 이 합일의 관계이면서 한정된 관계야말로 진리를 현현시키는 중요한 실천적 계기가 된다.

동산양개는 이러한 정과 편을 오위라는 철학적인 실천의 논법을 구성함에 있어 특히 중(中)이라는 용어를 개입시켜 놓고 있다. 여기에서 중(中)은 정과 편의 동적인 매개체이면서 전체를 구체화시켜 가는 합일체이다. 즉 동용중의 정을 한정하여 편으로 만들고 현상의 편을 합일시켜 열린 관계[回互]와 닫힌 관계[不回互]로 이끌어 간다. 이리하여 오위는 정(正)과 편(扁)과 중(中)이라는 삼자에 의하여 언어도단(言語道斷)하고 언전불급(言詮不及)한 진여를 상징화하는 계기가 된다.

正位却偏[정중편]

<顯訣> 정위(正位)의 입장으로서 物[偏位]을 상대하지 않는다. 그러나 편(偏)을 향해 나아가야 비로소 파악이 가능하다. 때문에 정과 편의 두 의미가 원만하지 않으면 안된다.

이 정중편(正中偏)은 이(理)를 떠나 사(事)에 나아가는 것이다. 곧 근본적인 정(正)[理・眞如・眞性]이 차별적인 사(事)[偏現象・存在]를 떠난 다른 것이 아니라 우리의 눈앞에 존재하는 현상적인 사물의 낱낱이 진리의 구상자(具象者)로서 이(理) 그 자체라는 의미다. 결국 정은 편을 여의지 않고 도리어 편에 나아가 파악해야 비로소 정의 원만한 의미가 성취되는 것이다. 이 정중편은 정과 편이 열린 관계[回互]로서 상즉(相卽)하는 소식을 정의 입장에서 실천적으로

통일한 것이다.

이에 대해 곧 그의 제자 조산본적은 곧 정위는 상대적인 대상을 거치지 않는 것인데 그것마저 타고넘어야만 비로소 원만한 정위로 우뚝 서게 되며, 그 정(正) 가운데 용(用)이 없으면 편(偏)으로 나타나고 용(用)을 갖추면 곧 정위(正位)가 완전한 정위(正位)가 된다고 말한다. 여기에서 편(偏)은 정(正)에 상대되는 개념이지 정(正)의 부정을 의미하는 것은 아니다. 곧 정중편은 정(正)과 편(偏)을 중(中)으로 초극한 것이다.

이 경우의 중(中)은 정(正)과 편(偏)을 열린 관계로 구체화시킨다. 말하자면 본체[물]와 현상[파도]을 본체인 물의 입장에서 통일적으로 파악한 것이다. 그러나 현상을 머금은 본체이기 때문에 「정은 도리어 편이 된다[正位却偏]」고 말한 것이다. 정위는 암(暗)으로도 표현된다. 그 암(暗)은 명(明)으로부터 온 것이 아니다. 그러나 암(暗)은 명(明)이 있음으로 암(暗)이 된다. 그래서 정위를 정위 자체가 아니라 편위인 사(事)에 나아가 생각하지 않으면 안된다. 조산본적이 말한 「이(理)를 버리고 사(事)에 나아간다[背理就事]」는 것은 바로 이것을 말한다.

그래서 조산은 다시 『오위군신지결(五位君臣旨訣)』에서 「정위(正位)는 공계(空界)로서 본래무물이다. 편위(偏位)는 색계(色界)로서 만유의 형상이다. 정중편(正中偏)은 이(理)를 떠나서 사(事)에 나아간다. 편중정(偏中正)은 사(事)를 떠나서 이(理)에 나아간다. 겸대(兼帶)는 그윽이 뭇 연(緣)에 응(應)하면서도 제유(諸有)에 떨어지지 않고 염정(染淨)과 정편(正偏)에 국한되지 않는다.」고 말한다.

이처럼 동산의 제1명제인 정중편은 삼라만상의 본체가 현상 가운데 있으며, 차별 없는 이체(理體)는 곧 차별상을 갖추고 있기 때문에 이(理)를 알려거든 사(事)에 나아가 살펴보아야 한다는 것이다. 흔히 정중편은 상반(上半)이 흑원(黑圓 ●)으로 표현된다. 그것은 곧 원(圓) · 암(暗) · 정(正)의 흑(黑)으로부터 편(偏) · 명(明) · 사(事)에 이르는 것으로 본체가 곧 현상[本體卽現像]의 도리를 나타낸 것이다.

偏位雖偏亦圓兩意[편중정]

<顯訣> 편위(偏位)는 편위이면서 동시에 정과 편의 두 의미를 원만히 구비하고 있다. 그래서 緣[偏位] 곧 用 가운데서 파악되면서도 무물(無物)이요 불촉(不觸)이다. 때문에 편위는 유어중(有語中)의 무어(無語)이다.

이 편중정(偏中正)은 앞의 정중편에 상대하여 사(事)를 떠나서 이(理)에 나아가는 입장이다. 즉 기멸과 변화가 없는 영겁불변의 이(理) · 진성(眞性)으로 나아가는 열린 관계[回

互]이다. 이것은 편으로부터 정을 향한다.

사람의 걸음에 비유하자면 먼저 한 발을 앞에 내딛고 몸을 진행시키려면 이미 내딛은 발을 멈추지 말고 후방을 향해 힘껏 버텨 줘야 한다. 그래야만 비로소 몸이 앞으로 전진해 간다. 이처럼 몸보다 발이 먼저 앞에 나아간 뒤에 몸을 이끌어 전진하려는 본의(本意)를 실현한다. 곧 현상[발]으로부터 본체[몸]를 옮기려는 본의[正]에 나아간다. 그래서 정중편이 암중명(暗中明)이라면 편중정은 명중암(明中暗)이다.

정위로부터 온 편위[正中偏]가 이제 다시 정위로 향하는데 있어[偏中正] 정과 편이 각각의 위상을 고집함이 없이 서로 열린 관계[回互]에 있기 때문에 정과 편이라는 두 위상을 만족시켜 가면서 본래의 위상을 잃지 않는다. 그 열린 관계속에서 정위로 향하는 모습을 동산은 유어 가운데 무어[有語中無語]라 표현하였다.

이에 대해 조산본적은 편중정에서는 작용을 절대적인 그리고 고정적인 목적으로 삼지 않고 있다. 이처럼 용(用)에 목적을 두지 않게 되면 그로부터 바로 일상의 작용을 벗어나 正位를 향하게 된다. 이리하여 편위가 모습은 비록 편위이지만 정위를 향한 편위이므로 그 작용 가운데에는 편위의 흔적이 없다. 이것이 바로 편위가 편위이면서도 정위를 향해 있는 모습이다. 그래서 비록 작용하는 편위이지만 현상을 여읜 편위이므로 언설을 떠나 있다. 언설을 떠나 있으므로 종일 말을 해도 조금도 거스르는 바가 없다. 이미 현상을 초월한 정위 속의 편위이기 때문이다.

위 조산본적의 말대로 편중정은 편으로부터 정에 이르는 작용이다. 편이 편인 까닭은 정의 편으로서의 편이기 때문이다. 그래서 편으로부터 정으로 향하는 열린 관계[回互]이므로 편과 정이 모두 원만해질 수 있는 것이다.

이처럼 편을 편이게끔 하는 정은 이 경우 편 그 자체 즉 온갖 현상에서도 스스로의 정을 잃지 않는다. 만반의 현상을 남김없이 현상으로 관찰하고 나면 본체는 스스로 자명해져 숱한 언설 속에서도 언설을 떠난 당체로 자존해야 함을 스스로 요구한다. 이래서 조산본적은 편중정을「산은 산이고 물은 물이다[山是山 水是水]」라고 표현했다. 본체는 법이연(法爾然)한 본체이기 때문에 본체 그대로 깨칠 수는 없다. 오히려 숱한 현상을 올바로 궁구함으로써 스스로의 본체를 밝혀야 한다.「이(理)를 버리고 사(事)에 나아간다[背理就事]」는 것은 바로 이런 의미에서이다.

차별 속에 있으면서 무차별을 행하므로「본말(本末)을 종(宗)으로 되돌린다」는 것이 유어 가운데 무어[有語中無語]의 예이다. 이처럼 무(無)를 체득하여 절대의 진리에 서 있는 것이 편중정(偏中正)이다. 편중정은 흔히 하반(下半)이 흑원(黑圓 ●)으로 표현된다. 이것은 편으로부터 정을 향하여 실천적으로 회입(會入)하는 형태이다.

편중정은 현상이 곧 본체임을 실증하는 제2명제로 나타난다. 이에 대해 동산은 「잠이 없는 노파가 고경(古鏡)을 들여다보니, 거울 속에 비춰는 모습이 타인은 아니로다. 아서라, 거울속의 그림자를 참다운 자기라 여기는 일」이라는 게송을 붙이고 있다.

실효(失曉)는 아직 여명이 트기 이전의 어둠을 말하고, 고경(古鏡)은 무엇하나 남김없이 있는 그대로를 비추어 내는 거울로서 『보경삼매』의 보경이다. 아직 새벽이 밝지도 않은 어둠 속에서 눈마저 침침한 노파가 거울을 들여다보니 자신의 얼굴이 보이는 듯 하나 제대로 파악할 수가 없어 어느 것 하나 분명한 것이 없다. 그러니 자기의 본래면목을 거울 속에서나 찾으려는 일은 그만 두는 것이 좋다.

여기에서 노파는 편이고 고경의 속성은 정이다. 그래서 노파가 고경을 들여다보는 것[逢]은 편중정, 곧 편이 정을 향하여 열린 관계[回互]로 나아가는 모습이다. 이 때 노파가 없으면 고경도 필요없고 고경이 없으면 노파가 거울을 들여다 볼 일도 없다. 이미 노파와 고경은 각각이지만 동일한 작용을 향해 있어서 각각으로 있는 것은 아무런 의미가 없어지고 만다. 노파는 그냥 노파이고 고경은 그냥 고경이므로 노파가 고경 속에 자신의 얼굴을 비추어 찾는다 해도 고경은 여전히 고경이고 노파는 그대로 노파이다.

이 모습은 편을 기초하면서 그 편을 타고 넘어 편 속에 내재하는 정과 열린 관계[回互]를 이룬다. 이에 대해 조산 본적은 편[현상] 속에서 정과 열린 관계[回互]로 향한다고 말한다. 이미 편으로 드러나 있는 모습이라서 달리 드러낼 필요도 없다. 지금의 그대로가 편인 노파의 모습이므로 고경 속에서 얼굴을 찾으려는 것은 어리석은 일이다. 본래의 얼굴을 거울 속에 비추어 본래의 모습을 그대로 파악하기만 하면 된다. 달리 어디서 자기를 찾겠는가.

正位中來[정중래]

<顯訣> 순수한 정위만 있어 편위에 의하지 않는 가운데서 진리를 드러낸다. 때문에 정위중래(正位中來)는 무어중(無語中)의 유어(有語)이다.

앞의 정중편과 편중정은 정과 편의 열린 관계[回互]를 근거로 한 실천적 명제였다. 그러나 제3위인 정중래(正中來)과 제4위인 편중지(偏中至)는 정과 편의 열린 관계[回互]를 설하는 것이 아니라 오히려 닫힌 관계[不回互]로서 각각을 일방적으로 추구해 간다. 그래서 각각의 독자적인 출발점을 가지고 자기자신을 심화해 가는 위상이다.
이에 따라서 중(中)의 의미도 심화된다. 이것은 탈체현성

(脫體現成)과 같은 불편부당(不偏不黨)하고 지성독탈(至誠獨脫)한 작용을 의미한다. 여기에 조산본적은 「정중래(正中來)는 모름지기 그 체물(體物)을 밝히기 위해서조차 편위(偏位)를 향하지 않는다」고 해석을 붙이고 있다. 그렇다고 정위에만 머물러 있어서는 안된다. 그 현상[偏位]을 향하지 않고 스스로의 정위를 인득할 뿐 그것을 공훈으로 여겨 향상사로 삼아서는 안된다.

보다 엄격하게 말하자면 정위중래(正位中來)라는 말조차 어색한 표현이다. 순수주관 그 자체가 지성독탈이기 때문이다. 여기에서 정(正)은 무상무형(無相無形)·무념무상(無念無想)의 당체로서 현상적인 제연에 걸리지 않고, 남을 향해 일구도 발설하지 않는 묵묵행이다. 거기에 바로 모든 잠재적인 공이 현재를 향한 근원태(根源態)로서 자리잡고 있다.

그래서 정중래는 정중편이 보다 심화된 것이다. 진실로 무공용 속에서 무연대비심을 내어[無功用海中煥發無緣大悲] 깨침을 추구하면서 교화에 매진하는 원륜[鞭上求菩提下化衆生願輪]이다. 순수주관[正]으로서의 본체를 상실하지 않고 그대로를 현현시키는 공계무물(空界無物)의 즉현(卽現)이다. 여기에서 순수라는 것은 털끝만큼의 사려분별도 가하지 않는 경험 그 자체의 상태를 말한다.

가령 색을 보고 소리를 듣는 찰나 그것이 외물의 작용인가, 아니면 자신이 그것을 느끼고 있는가 하는 생각이 없을 뿐만 아니라 그 색과 그 소리는 무엇인가 하고 판단하기 이전의 경험과 같은 것이다. 즉 정나나(淨裸裸)·적쇄쇄(赤洒洒)·면목당당(面目堂堂)·진천진지(盡天盡地)·독존무이(獨尊無二)·전신독로(全身獨露)[體露金風]·만법근원(萬法根源)·무구무예(無垢無譽)의 경지이다. 따라서 이것을 백원(白圓) 속의 흑원(黑圓 ●)으로 도시한다.

현상의 근원에 본체의 정위가 그대로 잠재해 있음을 나타낸다. 이에 대해 동산은 '무어(無語) 속에 출진(出塵)의 길이 있나니, 다만 천자(天子)를 저촉하지만 않으면, 전왕조(前王朝)의 혀 잘린 사람보다 나으리.'라는 게송을 붙이고 있다.

이것은 곧 무 속에 길이 있다[無中有路]는 무어 가운데 유어[無語中有語]로서 이심전심이다. 당금(當今)은 굉지정각의 말을 빌리자면 환중천자(寰中天子)로서 그 어느 누구도 범접할 수 없는 존엄한 신분이다. 무중유로의 이심전심은 탈속의 경지로서 지존한 천자의 뜻을 함부로 거역할 수 없는 바에 비유되고 있다.

진실로 탈속한 깨침의 길이 언어도단인 것은 당시 당대(唐代) 이전, 즉 수대(隋代)에 있었던 단설(斷舌)의 재사(才士)가 행한 달변으로도 미칠 수 없다. 그 모든 것은 정위 속에서 은밀하게 행해지고 있어 겉에 현상으로는 알려지지 않지만 삼라만상이 추이하는 원리가 되어 있다. 이에 조산본적은 「무엇이라 말붙이려고 하면 벌써 어긋나버리고 만다」

고 주석을 붙이고 있다. 그 정위는 무구 가운데 유구[無句中有句]이므로 현상의 편위를 따라 추구할 수 없다. 그것이 보통 어리석은 사람들의 생각이지만 그것은 영원히 제이의(第二義)를 벗어나지 못한다. 그렇다고 암묵의 어리석음이어서는 더욱 안된다. 더욱 가열찬 수행이 요구되는 것이다.

偏位中來[편중지]

<顯訣> 단지 편위만 있어 그 편위를 활용한 가운데서 진리를 드러낸다. 때문에 편위중래(偏位中來)는 유어중(有語中)의 무어(無語)이다.

정중래(正中來)에 있어서 정위의 일방적인 입장과는 대조적으로 편중지(偏中至)는 편위의 일방적인 입장이다. 따라서 현실적인 모든 현상을 통하여 진리의 절대경지에 이르는 명제이다. 정중래처럼 편중지도 정과 편의 닫힌 관계[不回互]로서 편을 편으로 궁구하여 지성독탈한다. 이리하여 궁극적으로는 편과 정이 원만한 경지에 이르는 길을 보여주고 있다.

따라서 유위의 현상 속에서 무위의 진제를 실현하므로 유어 가운데 무어[有語中無語]라 한 것이다. 편위중래(偏位中來)에 대해 조산본적은 편위중래는 곧 현상을 의지한 것으로 해석하고 있다. 언설은 그 자체가 사대성색(四大聲色)을 반연한 것이므로 시비의 대상이 아니다. 그러므로 반연 가운데서 진리를 체득함을 편위중래라 한다. 이것은 곧 현상에 나아가 진리를 파악하지만 그 성품은 정위와 마찬가지로 공하다. 곧 반연 가운데서 진리를 파악한 예는 대단히 많다.

이처럼 편중지의 편은 감각적인 만유세계의 제현상을 가리킨다. 곧 진리는 어느 때나 어느 곳에도 다 현현해 있다. 그것을 터득해 감에 있어 단순히 현상의 모습만을 보는 것이 아니라 그 자체가 곧 진리의 체현임을 잊지 않는 것이다. 앞의 정중래가 정위즉공계(正位卽空界)로서 본래무물(本來無物)이라면 편중지는 편의즉색계(偏位卽色界)로서 유만형상(有萬象形)이다.

그래서 편중지는 흔히 둘레가 흑원(黑圓 ○)으로 표현된다. 현상의 편위가 본체의 정위로 승화됨을 나타낸다. 여기에 동산은 「두 칼날이 교차하니 회피할 수가 없도다. 막상막하의 적수를 만나니 불 속에서 핀 연꽃과 같아, 그 기운은 마치 하늘을 찌를 듯 하구나.」 라는 게송을 붙이고 있다.

검도의 두 명인이 대결하면서 칼날이 맞부딪치는 입장이라 조금의 방심도 허용되지 않는다. 거기에는 승부나 우열이 없다. 이 비장한 모습은 마치 불 속에서 피어나는 연꽃처럼 희한하여 결코 무너지지 않는 절대경지를 나타낸다. 한 치의 틈을 용납하지 않는 그 위용은 마치 하늘을 찌를 듯한 기봉이다.

이것은 일상생활의 어느 것 하나도 소홀히 여기지 않는 선가의 진정한 정신의 발로이다. 또한 불립문자의 선이 단순히 암묵의 선에 떨어지는 것이 아니라 항상 견강불식(堅强不息)하여 선지식을 참하고 경권(經卷)을 가까이 하면서 주야로 참선변도(參禪弁道)에 힘쓰는 모습이 바로 편중지의 입장이다.

이에 대한 조산본적은 이 편중지를 편위의 입장에서 진리를 파악하고 있다. 그래서 유구중래(有句中來)가 되는 것이다. 여기에서는 정위와 편위가 대결을 거부한다. 비유를 들자면 화살촉이 서로 마주치듯 하고 칼날이 서로 번득이는 모습이다. 그 팽팽한 긴장 속에서는 어느 한 쪽에도 강약이 없다. 서로 한 치도 물러섬이 없이 전체용(全體用)으로 현성해 있는 모습이다.

相兼帶來[겸중도]

<顯訣> 정과 편이 함께 하여 진리를 드러낸다. 이 가운데에는 유어(有語)니 무어(無語)니 하는 것을 따로 분류하지 않고 그대로 진리를 향하여 원전(圓轉)하지 않음이 없다. 때문에 편위의 경우도 반드시 원전(圓轉)이다. 그러므로 깨침을 터득하기 이전에 이것저것 분별하는 것은 모두 병통이다. 그러므로 수행납자 자신이 모름지기 직접 어구를 깨쳐서 유

어(有語)는 이렇고 무어(無語)는 저렇다고 분별하지 말고 마땅히 곧장 진리를 향해 나아가야 한다. 훌륭한 선지식에게 언어가 없을 수는 없다. 그러나 유어와 무어에 걸리지 않을 뿐이다. 그것을 일컬어 겸대어(兼帶語)라 한다. 겸대어는 전무(全無)이면서도 아울러 적적(的的)한 도리이다. 저 도오원지(道吾圓智) 스님이 입적에 즈음하여 대중에게 다음과 같이 말하였다.「그 때 운암스님은 (약산스님의 말씀을) 이해하지 못하였다. 당시에 내가 일러주지 않은 것이 후회스럽구나. 그렇긴 하지만 (운암스님이) 약산스님의 뜻을 거스른 것은 아니었다」저 도오원지 스님의 간절한 노파심을 보라. 남전스님이 말씀하신 이류중행(異類中行)을 신산승밀(神山僧密)은 아직 그런 도리가 있는지조차 모르는구나.

이 겸중도(兼中到)에서는 정과 편을 초극해 있다. 그래서 유어와 무어를 설하지 않으며 그에 끄달림이 없이 자유무애하게 정면으로 나아간다. 곧 정중묘협(正中妙挾)이다. 정중(正中)은 진여법성이고 묘협(妙挾)은 일체만물의 현상과 그 묘용으로서 진여 속에 현상이 걸림없이 자재하게 묘용하고 있음을 말한다.

이 속에서는 정과 편이 원전(圓轉)한 모습이지만 그 원전(圓轉)에 머물러 있지 않는다. 어느 입장도 취하지 않는다. 곧 정과 편의 열린 관계[回互]와 닫힌 관계[不回互]의 어느 명제도 부정적으로 내장하고 있으면서 각각에게 고유한 생명을 부여한다. 동산사상의 골자이고 핵심으로서 표준이다. 그래서 명안종사(明眼宗師)는 유어와 무어에 초연한 절대적 진리이며 절대적 현상을 언설로 표현하지 않는다. 그대로 전무(全無)이고 적적(的的)이다. 그래서 조산은 「허(虛)하지도 않고 실(實)하지도 않으며 향(向)과 배(背)도 없다」고 말했다.

이 겸중도에 대하여 조산본적은 「겸대(兼帶)는 편(偏)·정(正)·존(存)·무(無)에 걸리지 않아 전(全)하면서 부전(不全)하고 휴(虧)하면서도 불휴(不虧)하다」고 해석한다. 그러니 오직 흑백미분(黑白未分)·이사미분(理事未分) 그대로 현현하고 그대로 잠몰한다. 정과 편에 열린 관계[回互]와 닫힌 관계[不回互]를 두지 않는다. 정과 편이 교참(交參)과 고집(固執)을 떠나 자유무애하다.

조산본적은 이러한 겸중도를 가리켜 「그윽히 중연(衆緣)에 응하면서도 제유(諸有)에 떨어지지 않아 염(染)·정(淨)·편(偏)·정(正)을 초월한다. 그래서 허현대도(虛玄大道)요 무착진종(無著眞宗)이다」고 말하였다. 이 때문에 흔히 겸중도는 명암이 50%인 원(薄黑圓 ◐)으로 도시된다. 정위가 짙은 흑원(黑圓 ●)으로 나타나는 것과는 구분이 된다. 이에 대하여 동산은 「유무를 초월한 자 그 누구인가. 보통사람들은 제각기 깨침을 구하지만, 임운자재하게 진속(塵俗)에 화동(和同)

하네.」라는 게송을 붙이고 있다.

유무를 초월해 있으니 뉘라서 이것과 화동(和同)하겠는가. 명안종사가 아니면 얼토당토 않는 말이다. 미혹한 사람들은 정사와 미혹을 다투면서 본래면목에 노닐기를 바라지만 궁좌실제중도상(窮坐實際中道床)한 사람이 아니면 불가능하다. 왜냐하면 심(心)과 경(境)과 사(事)와 이(理)로써 파악할 것이 아니고, 명상(名狀)을 떠나 천진스럽게 성상(性相)을 잊었기 때문이다. 계교(計較)・대응(對應)・빈주(賓主)・범성(凡聖)・미오(迷悟) 등을 이탈하여 단호하게 대도에 나아가는 것을 절합(折合)이라 한다. 그래서 대도에서 살아가는 것을 숯검정 속에 앉는다고 말한다. 그래야만 지동획서(指東劃西)하는 어리석음을 범하지 않는다.

그러면 겸중도는 앞의 네 명제가 정과 편을 계기로 구성되어 있는 바 그 구경으로서 완결인가, 아니면 다섯째로서의 그 종합인가. 그리고 동산양개가 이 겸중도를 설한 의도는 무엇인가. 이것은 원래 정중편과 편중정의 경우는 정(正)과 편(扁)을 중(中)으로 융통(融通)시킨 열린 관계[回互]로서 반대대립(反對對立)이다. 그러나 정중래와 편중지의 경우는 정(正)과 편(偏)을 중(中)으로 격별(隔別)시킨 닫힌 관계[不回互]의 모순대립(矛盾對立)이다. 여기에서 정중래는 정(正)과 정(正)을 중(中)으로 일방적으로 수용한 것이고, 편중지는 편(偏)과 편(偏)을 중(中)으로 하여 일방적으로 수용한 것이다.

각각 정이면서 정이어야 할 이유가 없고 편이면서 편이어야 할 이유가 없이 고차원에 있어서 정과 편이 절대모순의 자기동일에 다다른 것이다. 여기에서 반대대립과 모순대립이라는 두 대립은 열린 관계[回互]와 닫힌 관계[不回互]의 대립이다.

이러한 대립은 실로 단순한 병렬적인 대립이 아니다. 상술한 네 가지 위상은 각각 독립한 절대적 진리의 명제임과 동시에 서로 양립할 수 없는 명제로서 배척의 관계이다. 그러나 이러한 부정적인 것마저 다시 부정하고, 공까지도 다시 공하게 하고, 무(無)마저도 다시 무(無)로 되돌리는 곳에 불교논리의 실천적인 의의가 있다는 것은 주지의 사실이다.

곧 정과 편이라는 그 자체에 이미 상호부정의 계기가 존립하고 있지만, 그 정과 편의 상호부정은 정과 편의 그 자체를 부정함으로써 다시금 정과 편으로 실현되지 않으면 안 될 것이다. 제5위는 진실로 이러한 부정의 부정으로서 독립자존하는 각각 네 가지 위상의 상호부정을 부정적으로 내포하는 입장에서 취해진 것이기 때문에 겸중도라 불리우는 것이.

이리하여 겸중도는 앞의 네 명제를 대긍정으로 회통한 다섯째의 명제이다. 그러나 앞서 언급했듯이 동산이 『오위현결』을 저술한 직접적인 이유가 '중리육효(重離六爻) 편정회호(偏正回互) 첩이위삼(疊而爲三) 변진성오(變盡成五)'의 의미를 설명하려 했던 점을 감안한다면 어느 한 명제에 특별한 중요성 내지 통일성을 부여하는 것은 바람직하지 않다. 왜냐하면 오위의 낱낱이 수행의 단계적인 향상구조가 아니라 실천의 행태를 각각 다섯 가지 측면에서 설한 것이기 때문이다.

이것은 오위사상에 있어서 겸대사상(兼帶思想)을 지향한 동산과 조산의 사상적인 특징이요 조동선지로서 중요한 핵심을 이루고 있다. 또한 이 겸대사상은 이후 굉지정각에게 수용되어 묵조사상의 실천적인 논리의 근거를 제공해 주었다. 그런데 이에 대하여 조산은 한 마디로 묘협(妙挾)이라고 하였다. 협(挾)은 협(叶)인데 이 협(叶)은 합(合)의 의미가 있어 협(協)으로 통한다. 겸중도가 앞의 네 명제 위에 서 있는 것이 아니라 미묘한 협의(挾義)의 관계에 있다.

(3) 『삼종삼루』

동산이 다음과 같이 말했다.
'말법시대에는 허튼 지식을 지닌 사람들이 많다. 그래서 어느 것이 진짜인지 가짜인지를 알려면 다음과 같은 세 가지 번뇌가 있는가를 알아야 한다. 첫째는 견삼루이다. 이것은 중생의 견해가 잘못을 벗어나지 못하여 독바다에 빠져 있는 것을 말한다. 둘째는 정삼루이다. 이것은 앞뒤도 분간하지 못한 치우친 견해로서 어설픈 지혜를 말한다. 셋째는 어삼루이다. 오묘한 도리를 궁구한다고 하면서도 그 근본종지를 잃어버리고 근본과 지말을 착각하는 것이다. 도를 닦는 납자들이 번뇌로 인하여 이 세 가지 삼루를 벗어나지 못하는 줄을 알면 그 진위를 판별할 수가 있을 것이다.'

이것이 소위 삼종삼루(三種滲漏, 三滲漏)로서 동산양개는 수행납자들에게 제시하여 수행자가 빠지기 쉬운 폐풍을 세 가지로 경계한 것이다.

첫째는 견삼루(見滲漏)이다. 자기 자신이 확실하게 존재한다고 생각하는 아견(我見)을 말한다. 이것은 자신이 생각한 바를 지식에 근거하여 그것이야말로 확실한 진리의 기준이라고 믿어버려 온갖 판단의 근거로 삼아버리는 것이다.

둘째는 정삼루(情滲漏)이다. 자신의 생각은 언제까지나 실재로 존재하는 것이라 간주하여 취사의 대립적인 사고방식으로 굳어지는 것이다.

셋째는 어삼루(語滲漏)이다. 언어문자에 끄달려 언어문자를 능사로 간주하는 것이다. 언어문자가 수단에 불과한 것인 줄 모르고 그것에 빠져 헤어나지 못하는 것이다.

2) 조산본적의 조동선지

(1) 『삼종타』

조산본적이 다음과 같이 설법하였다.
'범부의 생각과 성인의 견해가 곧 쇠사슬과 같은 그윽한 길이다. 그러니 모름지기 그것을 잘 활용할 줄만 알면 그만이다. 대저 불조의 혜명을 올바르게 계승하려는[正命食] 자라면 모름지기 삼종타(三種墮)을 갖추어야 한다. 첫째는 털을 뒤짚어쓰고 뿔을 받아 태어나는 것, 곧 축생으로 태어나는 보살의 변역생사(變易生死)이다[披毛戴角, 沙門墮] 둘째는 소리와 색깔 등 감각세계를 배제하지 않은 채 그대로 자유롭게 수용하는 것이다.[不斷聲色, 類墮, 隨類墮] 셋째는 음식을 받아먹지 않는 것, 곧 나한이 되어 분별심을 내지 않는 것이다[不受食, 尊貴墮]'

그러자 조포납(稠布衲) 스님이 물었다.
'피모대각(披毛戴角)이란 어떤 것입니까.'

조산이 말했다.
'그것은 사생육도의 부류에 들어가 이류중행(異類中行·和光同塵拖泥帶水)하는 것이다.'

또 물었다.

'부단성색(不斷聲色)이란 어떤 것입니까.'

조산이 말했다.

'외부대상의 경계에 지배되지 않는 것이다.'

또 물었다.

'불수식(不受食)이란 어떤 것입니까.'

조산이 말했다.

'자신이 존귀하다는 상을 내어 본분사를 아는 것이다.'

삼종타(三種墮)는 조산이 학인에게 제시해 준 세 가지 수행방식으로 일종의 기관(機關)이다. 여기에서 타(墮)는 빠진다는 뜻이 아니다. 일체에 걸림이 없는 무애자재한 지혜이고 능수능란한 수완을 말한다.

그래서 첫째의 피모대각의 사문타(沙門墮)는 중생세간에 몸을 던져 중생제도에 몰입하는 것이다. 사문이 지위나 어떤 깨치의 경지에 구속되는 것이 아니라 그것을 초월하여 어떤 중생이라도 수순하여 더불어 자유를 터득하는 것이다.

둘째의 부단성색의 수류타(隨類墮)는 감각의 육진 경계에 집착을 끊고 어떤 절대적인 경지를 추구하는 것도 아니며 회피하는 것도 없이 지각을 초월한 자유를 터득하는 것이다.

셋째의 불수식의 존귀타(尊貴墮)는 여기 불수식(不受食)에서 식(食)은 자기의 본분사를 가리키는 것이다. 납자의 본분사인 상구보리 하화중생을 지각하고 그것에 집착도 없는 본래면목과 본지풍광을 말한다. 자신의 신분을 초월하여 일체의 중생과 더불어 노닐 수 있는 자유로운 본분이다.

(2) 『오위군신지결』

『오위군신지결(五位君臣旨訣)』은 동산의 오위사상에 대하여 조산본적이 오위의 관계를 쉽게 비유하여 군신의 관계로 내세운 것이다. 나아가서 정과 편 및 정중편과 편중정과 겸대에 대한 명확한 이해를 제시하였다. 따라서 여기에서 군신은 주체와 객체이고, 이치와 현상이며, 정과 편이고, 이상과 현실이며, 부처와 중생이며, 밤과 낮이며, 묵(默)과 조(照)이고, 음(陰)과 양(陽)이며, 깨침과 수행이고, 좌(坐)와 선(禪)이며, 신(身)과 심(心)이고, 지(止)와 관(觀)이며, 공(空)과 묘(妙)이고, 정(靜)과 동(動)이며, 이(離)와 미(微)이고, 위(位)와 공(功)이다. 조산의 이와 같은 노력의 결과 비로소 동산의 오위는 체계성을 구비하게 되었다.

한 승이 조산에게 『오위군신지결』에 대하여 물었다. 조산이 말했다.
'정위는 곧 공계에 해당하는 것으로서 언설로 표현할 수도 없고 개념으로 파악할 수도 없는 본래무물이다.
편위는 곧 색계에 해당하는 것으로서 삼라만상의 형상이다.

정중편은 이치의 입장을 통해서 현상의 세계를 파악해 나아가는 것이다.

 편중정은 현상의 입장을 통해서 이치의 입장을 파악해 나아가는 것이다.

 겸대는 그윽한 진리가 온갖 현상의 사물에 조응하는 것으로서 온갖 갈래[諸有]에 떨어지지 않는 것이다. 그래서 오염된다거나 청정해진다거나 올바르다든가 치우친다든가 하지 않는 것이다. 때문에 겸대는 확 트이고 그윽한 대도로서 반야종지에도 집착하지 않는다. 그리하여 예로부터 선덕들은 이 겸대위를 가지고 가장 오묘하고 가장 그윽한 것으로 삼았다. 그러니 모름지기 자세히 살펴 알아야 할 것이다.

 이제 이와 같은 오위를 각각 군과 신의 관계에 비추어 보면 다음과 같다.

 여기에서 임금은 정위에 해당하고, 신하는 편위에 해당하며, 신하가 임금을 향해 떠받드는 것은 편중정이다.

 임금이 신하를 향해 명령을 내리고 보살펴주는 것은 정중편이다.

 임금과 신하가 함께 의기투합하여 정사를 펼치는 것은 겸대어이다.'

 그러자 한 승이 물었다.
'여기에서 임금이란 무엇을 말하는 겁니까.'
 조산이 말했다.

'덕이 오묘하기는 하늘처럼 드높고 위엄이 고명하기는 허공과 같이 밝은 것이다.'
'신하란 무엇을 말하는 겁니까.'

    조산이 말했다.

'총기가 뛰어나서 임금의 덕을 크게 드날려 올바른 지혜로 중생을 이롭게 하는 것이다.'
'신하가 임금을 향해 떠받드는 것이란 무엇을 말하는 겁니까.'

    조산이 말했다.

'온갖 다른 것을 넘보지 않고 오로지 임금을 향해 정성을 다하는 것이다.'
'임금이 신하를 향해 명령을 내리고 보살펴주는 것이란 무엇을 말하는 겁니까.'

    조산이 말했다.

'임금의 오묘한 모습은 작용함이 없으면서도 그 덕화가 결코 부당하게 치우치지 않는 것이다.'
'임금과 신하가 함께 의기투합하여 정사를 펼치는 것이란 무엇을 말하는 겁니까.'

    조산이 말했다.

'서로가 혼연일체가 되어 내외가 없고 서로가 화평하게 융합하여 상하가 평등한 것이다.'

    조산이 다시 말했다.

'여기에서 말하는 임금[君]과 신하[臣], 그리고 진리[正位]와 현상[偏位] 등이 서로 어울리고 향상과 향하의 행위가 결코 중도를 범하려는 것은 아니다. 때문에 신하가 임금을 언급하더라도 감히 그것을 배척하지 않는 것이 바른 도리이다. 이것이 우리 가풍의 근본 종지이다.'

그리고는 이에 게송을 지어 말했다.

참학인이라면 모름지기 먼저 자기가풍의 종지 알아서
學者先須識自宗
반야의 진리와 무기공을 뒤섞이게 혼동해서는 안된다
莫將眞際雜頑空
묘명을 찾으려는 것이야말로 진리에 저촉되는 것이니
妙明體盡知傷觸
인연이 닿으면 닿는대로 중도를 미주알고주알 말지니
力在逢緣不借中

꺼낸 말은 더 이상 떠벌려서도 안되는 것이니
出語直教燒不著
행동은 늘상 조용하게 하여 고인과 같이 하라
潛行須與古人同
주체 없고 객체는 있음 분별 초월한 것이지만
無身有事超岐路

객체도 없고 주체도 없는 것 주객의 분별이네
無事無身落始終

(3) 『사종이류』

　조산본적이 수행납자를 위하여 제시한 네 가지 경계를 『사종이류(四種異類)』라 한다. 이류(異類)는 중생이 깃들어 살고 있는 일체의 세간을 말한다. 곧 수행납자가 어떤 세간에 태어나더라도 그곳에 집착이 없이 깨침을 터득해야 할 것을 강조한 가르침이다.

　첫째는 왕래이류(往來異類)이다. 온갖 중생세간을 자유롭게 변역생사(變易生死)로 왕래하는 것이다.

　둘째는 보살동이류(菩薩同異類)이다. 보살이 자신을 깨우치고나면 그 능력으로 이류세계에 태어나 그곳의 중생을 깨침으로 이끌어가는 자리이타의 보살행의 경계이다.

　셋째는 사문이류(沙門異類)이다. 출가의 본분사를 밝혀서 어느 경지에도 구애되지 않는 헌헌대장부의 경지를 터득하는 것이다.

　넷째는 종문중이류(宗門中異類)이다. 자신의 터득한 향상의 경지에 안주하지 않고 집착도 없으며 자유자재한 작용을 구사하는 것이다.

(4) 『팔요현기』

동산은 『보경삼매(寶鏡三昧)』 및 『오위현결(五位顯訣)』에 의한 오위사상의 교리 이외에도 많은 가송(歌頌)을 남기고 있어 후학들을 위해 작위적(作爲的)인 가르침을 펴고 있다. 이에 대하여 조산은 동산의 『오위현결』에다 주석을 붙인 『축위송(逐位頌)』 이외에 동산의 교리를 잘 해명하여 그 스스로가 그 해명에 의해서 후학들을 의심이 없는 경지로 이끌어나가고 있는 것을 평생의 임무로 삼았다.

그 좋은 접화방법이 바로 『팔요현기(八要玄機)』라는 것이다. 소위 『팔요현기』는 조산의 교화방편에 있어서 오위와 삼종의 타와 사종의 이류와 더불어 가장 특징적인 것이다. 그래서 실로 조동선의 교의가 동산과 조산을 중심으로 형성된 것은 바로 조산의 이 『팔요현기』에 형식적인 구조를 응축하고 있기 때문이다. 곧 조산의 『팔요현기』란 말 그대로 여덟 가지 현묘한 기관(機關)을 의미한다.

기관은 공안의 구조를 설명함에 있어서 그 공안의 체계화를 가장 잘 나타내고 있는 용어 가운데 하나이다. 따라서 여덟 가지의 현묘한 기관이란 곧 회호(回互) · 불회호(不回互) · 완전(宛轉) · 방참(傍參) · 추기(樞機) · 밀용(密用) · 정안(正按) · 방제(傍提)이다.

회호(回互)는 저것[彼]과 이것[此]이 서로 융통하기 때문에 저것 속에 이것이 들고 이것 속에 저것이 들어 저것과 이것이 되고 이것이 저것이 되는 도리이다. 그래서 회호는 곧 열린 관계이기도 하다.

불회호(不回互)는 저것[彼]과 이것[此]이 각각의 존재로서 저것은 저것이고 이것은 이것일 뿐으로 각각이 완연한 자기만의 영역과 속성을 유지하고 있는 것으로 상호간에 교류되지 않는 입장이다. 그래서 불회호는 곧 닫힌 관계이기도 하다.

완전(宛轉)은 회호의 관계에 있기도 하고 불회호의 관계에 있기도 하는 등 자유자재의 경지로서 저것은 저것이면서 동시에 이것이 되고 이것은 이것이면서 동시에 저것이 되는 도리이다.

방참(傍參)은 그윽한 진리의 세계를 차별적인 현상 속에서 현상의 측면만을 취해서 나타내는 도리이다.

추기(樞機)는 현상으로 나타나는 작용의 근본으로서 주체적인 측면으로만 나타내는 도리이다.

밀용(密用)은 주도면밀(周到綿密)하고 몰종적(沒蹤跡)한 작용으로서 객체적인 입장의 측면을 나타낸 원리이다.

정안(正按)은 진리를 추기(樞機)의 상태 그대로 현성시켜 내세우는 원리이다.

방제(傍提)는 진리를 일상의 차별현상 속에서 원리적인 측면으로만 은밀하게 나타내는 원리이다.

이러한 기관은 곧 조산이 학인을 접득하고 지도하는 기관 곧 가르침의 수단으로 사용한 것이다. 곧 스승이 학인의 근기에 응하여 가장 적절한 방식으로 대하는 기관문(機關門)을 말한다. 실로 동산의 선법이 살아 전해질 수 있는 것은 바로 조산의 공적에 기인한 바 크다.

3) 운거도응의 조동선지

조동선맥은 그 법계상으로는 조산본적의 계통이 아닌 운거도응의 흐름으로 전개되어 간다. 곧 사상의 골자는 동산양개와 조산본적의 것이었지만 그 법계는 동산양개와 운거도응의 법맥이었다. 그리고 조동선의 한국전래에 있어서의 그 법맥도 운거도응의 법맥이라는 것은 익히 알려져 있다.

운거가 동산과 처음 행한 문답이 『동산록』에는 취미(翠微)와 운거(雲居)의 문답으로 실려 있는데 『전등록』과 『조당집』에서는 취미와 운거의 문답이 아니라 취미와 어느 한 승과의 문답으로 되어 있기 때문에 그것이 꼭 운거의 문답이라고만은 할 수 없다. 그러나 동산과 운거의 물음 속에서 운거가 취미에게서 왔다는 것만은 분명하다. 이미 동산을 참하기 전에 취미에게서 3년 동안 참선수행을 쌓은 바탕 위에서 이루어진 문답으로서 『동산록』에는 이것을 포함하여 도합 10차례의 문답과 임종에 이르러 한 사미를 통해 운거에게 전언(傳言)한 내용이 들어 있다. 이 문답들을 보면 대체적으로 향상(向上)의 진리와 몰종적(沒蹤跡)한 수행과 주도면밀(周到綿密)한 실천 등이 나타나 있다.

운거의 설법에 주로 나타난 내용은 첫째는 몰종적(沒蹤跡)과 주도면밀(周到綿密)한 수행이다. 둘째는 제일의제(第一義諦)와 본래무일물(本來無一物)한 본증(本證)이다. 셋째는 직하승당(直下承當)과 현성공안(現成公案)의 체험이다.

첫째의 몰종적과 주도면밀한 수행을 들 수 있다. 동산을 참하고서 주고 받은 다음고하 같은 대화가 있다.

동산이 물었다.
'그대의 이름이 무엇인가.'
운거가 아무개라고 이름을 말하니 동산이 다시 물었다.
'向上의 입장에서 다시 말해 보라.'
운거가 말했다.
'向上의 입장에는 아무개라고 이름할 것이 없습니다.'

향상사의 입장에서는 그 무엇으로도 형언할 길이 없는 언어도단의 경지라서 설령 무슨 이름을 말했다고 해도 그것은 한낱 이름에 불과한 것이다. 운거라는 명칭은 구름이 잠시 머물다 가는 것처럼 공허한 두 글자를 빌어 나타난 것에 지나지 않는다. 그래서 모름지기 자신이 스스로 그 자체가 되지 않으면 안되는 것이다.

출가수행하는 마음자세는 불도를 이루는 것이다. 불도를 이루는 것은 자기를 이루는 것이다. 자기를 이루는 것은 자신을 잊는 것이다. 자신을 잊는 것은 만법을 증득하는 것이다. 만법을 증득하는 것은 자기의 신심(身心) 및 타인의 신심(身心)까지도 탈락하는 것이다. 따라서 자기의 일체를 걸고 수행하는 입장에서는 그만큼 치열하지 않을 수가 없다. 이처럼 고심참담하게 수행하는 데에는 물론 그 집착을 두어서는 안되다는 것을 말하고 있다.

여기에서 언급되는 이야기에 영양(靈羊)이 있다. 영양(靈羊)은 영양(羚羊)으로서 영(靈)과 영(羚)은 호환되는 글자다. 영양은 잠을 잘 때에 다른 동물로부터 습격을 피하기 의해서 자신의 뿔을 나뭇가지에 걸치고 매달려 있으면 아무런 흔적도 남지 않아 안전하게 잠을 잘 수 있다는 동물이다. 마찬가지로 수행에 있어서도 수행이라는 종적마저도 남겨두지 않는 것을 雲居는 이렇게 표현하고 있다.

이야말로 몰종적하고 주도면밀한 행태를 잘 말해주고 있다. 달리 순 돌 뿐인 산에서 초목이 어디에서 자라겠는가 라는 물음에 대하여 본래 완전한 것이어서 손대지 않으면 도리가 어긋남이 없다고 말한다. 그러나 거기에 어떤 조작을 가하면 공연한 일이 되어버려 곧 어긋나고 만다고 말한다.

  이것에도 운거 나름대로 진리에 대하여 크게 긍정하는 사람과 크게 부정하는 사람의 차이를 향상사를 쓰레기같이 여기기 때문에 공훈에 떨어지지 않는 것과 자기의 몸이 있다고 보아 그 공훈에 떨어지는 것과의 차이라고 말하고 있어 동산의 의도를 이어받고 있다. 이 밖에도 향상사의 일은 제아무리 현묘한 경우라 하더라도 거기에 미치지 못한다는 것이라고 하면서 마음의 번뇌를 끊는 데에는 모든 반연을 다 쉬어버려야 하며, 우두법융(牛頭法融)이 선종의 제4조 대의도신(大醫道信)을 친견하기 전에는 유루의 번뇌가 있었지만 친견한 후에는 완전히 번뇌를 여의었다고 말한다. 그리하여 그 몰종적하고 주도면밀한 수행에 끝까지 방일하지 말 것을 당부하고 있다. 다음과 같은 내용이 있다.

  운거가 병석에 눕게 되자 같은 설법을 하였다.
'그대들은 이제 멀고 가까움은 대강 알고 있을 것이다. 그리고 살고 죽는 일은 늘상 있는 일이니 과히 걱정을 하지 말라. 못을 끊고 무쇠를 자르는 굳은 신념으로 불법을 어기지 말고, 나고 죽음에 임해서도 불법을 저버리지 말라. 마땅히 번거롭게 하지 말고 제각기 해결하도록 하라.'

  이처럼 자신의 수행에 철저할 것은 자신뿐만이 아니라 제자의 접화방식에 있어서도 마찬가지였다.

둘째로 본래무일물과 같은 제일의제에 있어서도 철저한 본증의 입장에 근거하고 있다. 석존이 설산에서 6년을 고행한 것도 스스로 드러나 있는 뜻을 세우려는 것이었지 그 밖의 무엇에 의지하려는 것이 아니었다고 말한다. 이것은 일찍이 무엇을 얻었다든가 본래 중생이었다가 부처가 되었다는 등의 내용이 아니다. 모두가 중생구제의 방편으로서 모습을 나타내고 각각의 근기에 맞추어 시설한 화현의 수행자였다. 그래서 어느 것이 조사의 뜻이고 어느 것이 중생의 뜻이고 하는 분별이 따로 있을 수가 없다는 것이다.

운거의 기지가 엿보이는 대목이다. 진제의 입장에서 보면 모든 것이 조사의 뜻이다. 굳이 경전상의 어구를 인용하여 그것이 조사의 뜻이라고 한다면 그것은 운거 자신의 위선이 될 뿐이다. 석존의 고행(苦行)과 달마의 면벽(面壁) 혜능의 답대(踏碓)의 수행이 아니더라도 바로 운거 앞에 펼쳐지고 있는 동산과의 문답 속에 조사의 뜻이 담겨 있음을 말해 준다.

셋째로 이러한 근거 위에서 운거는 다시 그것이 진리로서만 내재되어 있는 것이라면 크게 도움이 되지 않음을 알고 있었다. 그래서 그것을 우리의 눈앞에 현전시키는 체험이 필요함을 역설하고 있다. 그래서 바로 그 자리에서 체득하고 인정하는 것이 만법에까지 두루 퍼져가야 함을 가리켜 진리가 우뚝 솟아 현현해 있건만 면전에 있는 바로 그것을 알아차리지 못할 뿐이며, 또한 온 세상이 다 진여 아님이 없다.

법성은 원융하여 각각 나름대로의 진리를 최대한도로 만끽하고 있다는 것이 법계의 성품이고 보면 어느 시간, 어느 장소, 어느 상황 아래에서도 진여를 만날 수가 있다. 그래서 저 동산의 오도송에서는 가는 곳마다 그 진리를 터득한다는 말을 하고 있다. 이에 흔히 막상 지나버렸다고 생각하기 쉬운 과거의 상황도 마찬가지로 항상 현전해 있다는 것은 운거의 사상에도 여실하게 나타나 있다.

달마가 출현하기 이전에도 여전히 지금 그 자리에 있었음을 말한다. 또한 과거의 지나버린 겁을 이끌어내어 문답하면서 다만 과거가 과거라는 시간상의 끝이 아니라 어디까지나 진리를 표출하고 있는 전체로 간주하여 바로 그 자리에서 터득하는 직하승당(直下承當)을 함께 일깨워 주고 있다. 앞서 말한 바 있는 운거 말년의 부촉에 있어서도 나타나 있듯이 시간상의 멀고 가까움은 늘상의 생사만큼이나 항상하는 것이어서 거기에 끄달리지 않아야 함을 말하고 있다. 이것은 실제로 생활 가운데에서 현성해 있는 진리를 어떻게 활용하느냐에 따라 좌우될 것이다. 그것은 바로 다음의 예에 나타나 있다.

어떤 거사가 한 승에게 물었다.

'저희 집에는 솥이 하나 있는데 평소에 떡을 찌면 세 사람이 먹기에도 부족하지만 그것을 천 사람이 먹으면 남습니다. 이것을 스님은 어찌 생각하십니까.'

승이 대꾸하지 못하자 대신 운거가 말했다.

'다투면 세 사람이 먹어도 부족하지만 양보하면 천 사람이 먹어도 남는다.'

이것은 운거가 말한, '불법이 아무리 많다손 치더라도 행해야 좋은 것이다. 다만 마음이 곧 부처임을 알면 부처의 말을 모른다고 근심할 필요가 없다. 만약 이와 같은 일을 알고자 하건대 모름지기 이와 같이 행하는 사람을 알아야 한다. 그래서 그 사람을 알게 된다면 무슨 근심이 있으랴'라고 말한 것에서 더욱 분명해진다.

또한 운거에 대한 그의 성품을 말해 주고 있는 내용으로서 다음과 같은 것이 있다.

'운거스님은 물외종사(物外宗師)이다. 이 땅에서 일곱 번 태어나 선지식이 되었는데, 도덕이 고매하고, 지혜가 넓고 깊었으며, 대자비를 갖추고 항상 천 명의 승을 거느렸다. 제자들에게는 다음과 같이 가르쳤다. '다만 마음이 부처라는 것만 알면 되지 부처에 대해 근심할 필요는 없다. 이 말을 모르는 자는 오늘날 학인들이 오로지 밖으로만 향해 구할 뿐이다. 다만 대승의 말을 배울 뿐 그것을 자신의 마음으로 되돌이켜 천진불(天眞佛)을 밝히지 못하는 사람들이다. 만약 이 마음이 부처라는 것을 알게 되면 자연지(自然智)와 무사지(無師智)가 현전한다. 어찌 수고로이 밖을 향해서 배우겠는가라고.'

이것은 바로 현재 있는 모습 그대로가 진리라는 현성공안의 입장에서의 견해를 누구나 지금 지니고 있는 그 마음이 곧 부처라는 말로 대치하고 있을 뿐이다. 그리하여 안으로 살펴 각자의 천진불을 현현시키는 것이 요구되고 있다.

제3장
조동선의 수행

1. 핑지정각과 묵조선 / 182
2. 『묵조명』묵조선 / 193
   1) 『묵조명』의 내용 / 193
   2) 『묵조명』의 의의 / 244
3. 묵조선의 수행 / 248
   1) 진리의 현성 / 248
   2) 가부좌의 수행 / 256
   3) 심신과 자각 / 262
   4) 비사량의 좌선 / 269
   5) 신심탈락의 경험 / 277

1. 굉지정각과 묵조선

당나라 시대에 형성되고 전개된 조사선은 날로 발전하여 선사상의 극한까지 도달하였다. 이에 시대가 흘러감에 따라 조사선의 가풍은 새로운 국면을 맞이하였다. 그것은 조사선의 변용으로서 중세시대 인간성의 자각에 걸맞는 새로운 패러다임을 도출하는 것이었다. 그것은 곧 수행의 방식으로 나타났다. 따라서 조사선의 수행가풍은 송대에 이르러 기존의 관법 위주의 방식으로부터 탈피하여 간화선과 묵조선의 수행방식을 창출하게 되었다. 이것은 일종의 수행테크닉이다.

이 가운데 묵조선 수행의 직간접적인 발단은 단하자순의 제자들에게서 발견된다. 우선 굉지정각(宏智正覺)과는 법형제 관계에 있었던 진헐청료(眞歇淸了)에게서 찾아볼 수 있다.

진헐은 굉지과 함께 단하자순(丹霞子淳)의 제자로서 당시 설봉산에 주석하면서 묵조선풍을 크게 드날린 것으로 알려져 있다. 진헐의 어록은 그의 「탑명(塔銘)」에 의하면 두 가지가 세상에 유행했다고 한다. 하나는 『겁외록(劫外錄)』으로서 현존하는 자료이고, 다른 하나는 설봉산 주지 때의 어록인 『일장록(一掌錄)』이라는 것이 있었다고 하나 지금은 전하지 않는다.

『겁외록』이라는 명칭이 보여주고 있듯이 진헐의 종풍은 겁외라는 말로 가장 잘 대변된다. 이것은 송대 조동선지를 표방하고 전승해 온 종풍을 나타낸 말이기도 하다. 시간의 초월을 의미하는 겁외의 종풍은 세계가 성립하기 이전이요 분별의식이 생기기 이전을 나타내는 위음나반(威音那畔)과 공겁이전(空劫已前)의 소식을 곧 바로 깨쳐 아는 것을 말한다.

진헐청료의 이름은 청료(淸了)이고 법호는 진헐(眞歇)이다. 진헐이라는 말은 그 스스로를 지칭한 말로서 진헐이란 자기의 종풍을 가리킨 말이기도 하다. 곧 진헐은 편안하게 쉰다는 뜻으로 깨침을 의미한다. 이것은 곧 묵(黙)을 참된 휴헐(休歇)로 교묘하게 표현한 것이기도 하다.

진헐의 깨침의 기연도 단하자순에게 참했을 때에 '공겁이전의 자기'라는 물음을 통하여 촉발되었다. 이 진헐의 묵(黙)이야말로 곧 겁외의 종풍을 잘 나타내주는 말이다. 진헐이 주장한 가르침은 묵조선의 특징이기도 한 현성공안(現成公案)을 다음과 같이 주장하였다.

현성공안은 남에게서 구할 것이 아니다. 그대 자신과 나 자신이 곧 현성공안이다. 따라서 보고 듣는 것이 그대로 현성공안의 진실이고, 소리와 색이 그대로 현성공안의 진실이며, 움직임이 그대로 현성공안의 진실이고, 말하는 것과 침묵이 그대로 현성공안의 진실이다. 그러니 일상행활의 견문각지(見聞覺知)가 그대로 현성공안의 순수진리 아님이 없다.

나아가서 묵조적인 성격을 나타내는 허영적묵(虛靈寂妙)한 사상을 '텅 비어 있으되 신령스럽고 고요하나 오묘하다. 그리하여 밝음이 널리 두루하니 거울에 비추는 듯 하다.'고 제창하였다. 이처럼 진헐은 묵조의 의미가 포함된 주장 이외에도 그의 성품 자체가 참으로 계교가 없는 천진스러운 모습이었다. 그는 학인의 물음에 의거하여 믿음직한 말로 설하고 말에는 걸림이 없이 자연스러워서 마치 물위에 바람이 스치는 것과 같았고 남들을 위해 진실한 견해와 진실한 설법만 하는데 진력하였다. 이와 같은 진헐청료의 선풍과 더불어 묵조선의 형성에 본격적이고 주체적인 역할을 한 인물이 굉지정각(1091-1157)이었다. 그의 행장은 다음과 같다.

굉지정각은 성은 이(李)씨이고 이름은 정각(正覺)으로서 중국 산서성 습주현에서 1091년에 태어났다. 조부는 이숙(李寂)이고, 아버지는 이행도(李行道)이며, 어머니는 조(趙)씨이다.

7세부터 불서를 읽었다.

11세에 고향에 있던 정명사(淨明寺)의 본종대사(本宗大師)에게 출가하였다.

14세에 산서성 임분현의 진주에서 자운사(慈雲寺)의 지경대사(智瓊大師)에게서 구족계를 받았다.

18세에 여러 곳을 유행하면서 숭산의 소림사에서 하안거를 지내고 가을에는 하남성 임안현의 여주에서 관음선원의 고목법성(枯木法成)에게 공부하였다. 고목법성은 부용도해(芙蓉道楷)의 법을 잇고 향산에세 출세한 선사이다. 고목법성의 나이 38세 때이다.

거기에서 고목법성의 법형인 단하자순(丹霞子淳)이 하남성 등현에 있는 단하산의 서운사(棲霞寺)에서 널리 교화를 펴고 있다는 소문을 들었다. 단하자순이 단하산에 출세한 것은 1104년 그의 나이 41세 때였다. 굉지는 고목법성에게 오래 머무르지 않고 스승의 권유에 따라 단하자순에게 나아갔다.

23세에 굉지는 (단하자순 50세) 그 문하에서 『법화경』의 「부모에게서 물려받은 청정한 육안으로 삼천대천세계의 안팎에 있는 모든 산과 숲과 강과 바다를 보는데 아래로는 아비지옥(阿鼻地獄)으로부터 위로는 유정천(有頂天)에 이르기까지 두루 본다. 또한 그 가운데 일체중생과 그들의 업과 인연과보로 태어나는 곳을 다 보고 다 안다.」는 부분에서 깨침을 터득하였다. 굉지의 깨침의 기연은 '공겁이전의 자기'였다.

25세에 단하자순을 따라 대홍산(大洪山)에 나아가 교화에 힘썼다. 27세 때 스승 단하자순이 입적하였다.

31세 때 굉지의 법형인 혜조경예(慧照慶預)가 수주의 태평흥국선원으로부터 와서 대홍산의 제6세가 되었을 때 굉지는 대홍산의 수좌(首座)가 되었다.

32세 때 여산원통사(廬山圓通寺)에 머무르고 있던 천제유조(闡提惟照)의 가르침을 받았다. 천제유조는 부용도해의 제자로서 굉지에게는 법숙에 해당한다.

33세 때 진헐청료가 있는 장로산에 나아가 제일제자인 수좌(首座)가 되었다.

34세 때 안휘성 봉양부 사주의 대성보조선사(大聖普照禪寺)에서 상당설법하였다.

37세 때 서주 태평흥국선원(太平興國禪院)에서 상당설법하였다. 그리고 강주여산의 원통숭승선원(圓通崇勝禪院)에서도 상당설법하였다.

38세 때 강주의 능인선사(能仁禪寺)에서 상당설법하였다. 그리고 진주 장로산 숭복선원(崇福禪院)에서 상당설법하였다. 이 곳에서 묵조사상의 근간이 되는 『묵조명(默照銘)』을 찬술하였다.

39세 때 금나라의 침공으로 진주 장로산 숭복선원(崇福禪院)을 물러나 진헐청료가 주지하고 있던 보타락가산으로 향했지만 당시 주지가 비어 있던 천동산(天童山)에 들어가 주지가 되어 상당설법하였다.

48세 때 칙지(勅旨)를 받고 임안부의 영은사에 머물렀지만 불과 1개월 여 만에 다시 천동산에 돌아왔다. 이로부터 입적 때까지 천동산의 주지로 머물렀다.

66세 때 아육왕산의 제19세 주지로 있으면서 대혜종고(大慧宗杲)를 추천하였다. 67세 때 10월 8일 입적하고 14일에 장례를 치렀다.

그 이듬해 1158년 정월에 대혜종고가 굉지정각의 진영(眞影)에 「천동굉지노인상찬(天童宏智老人像贊)」을 지었다.

1158에 굉지정각선사(宏智正覺禪師)라는 시호가 내려졌고, 1159에는 「굉지선사묘광탑비(宏智禪師妙光塔碑)」가 건립되었다.

이와 같은 굉지정각의 묵조선의 사상적 기반은 우선 달마의 「이입사행(二入四行)」에서 말하는 심신(深信), 우두종에서의 좌선관 곧 절관(絶觀)에 기초한 본래자연 내지 본래본연, 그리고 무심(無心)에 기초한 무물(無物)에서 찾을 수 있다.

또한 소위 달마로부터 『능가경』을 전승한 일군의 계보를 일컫는 능가종(楞伽宗)의 수행에서 수일심(守一心) 내지는 수본진심(守本眞心)도 본심의 구비라는 입장에서 그 맥을 같이 하고 있다.

특히 조계혜능의 제자였던 하택신회(荷澤神會)는 염불기(念不起)와 견본성(見本性)을 내세웠는데 이것은 신회가 반야바라밀을 강조하여 지(知)를 통한 정(定)의 수(修)가 혜(慧)를 초래한다는 입장을 강조하고 있다. 그것은 이미 정(定)으로부터 혜(慧)를 얻는 단계적인 수행이 아니라 불지(佛智)의 작용이 정(定)에 그대로 드러나 있는 것을 의미한다.

바로 이와 같은 사상적인 계보를 충실하게 계승하여 굉지정각은 묵조선이라는 수행방식을 체계화시켰다. 북송에서 남송시대로 이어지는 무렵에 당시 선종계는 당대(唐代)의 생생한 선기를 점차 상실하고 종파화된 입장에서 이전시대의 답습으로 타성화되어가고 있었다. 이러한 선종계에 굉지는 새롭게 묵조선이라는 선수행의 방식을 제창하여 당시의 간화선과 더불어 선풍을 크게 진작시켜 나아갔다.

굉지는 조동선지를 새로운 묵조선이라는 선법의 주창으로 그 의의를 부각시켰다. 특히 조동종파의 경우 동산양개의 법을 이은 운거도응의 아래에서 동안도비 - 동안관지 - 양산연관 - 대양경연 - 투자의청 - 부용도해 - 단하자순 - 굉지정각 등으로 이어지는 법통의 상속은 특히 부용도해로부터 다시 융성을 보였다.

이러한 시대에 굉지는 천동산을 중심으로 그 자신의 독특한 교화를 펼쳤는데 그것이 묵조의 수행이라는 가풍으로 전개되어 나아갔다. 묵조라는 말을 가지고 자기의 선풍을 고취시킨 것은 바로 굉지정각이었다. 굉지가 묵조라는 말에 의해서 드러내려고 한 것은 묵(默)에 있어서의 무분별과 조(照)에 있어서의 지(知)의 자각이었다.

그의 저술 『묵조명』에 나타나 있는 묵조(默照)는 묵(默)과 조(照)로 나누어 생각해 볼 수 있다. 여기에서 묵조가 일어하게 될 때가 바로 묵조선의 현성이다. 이것은 본증의 현성 내지는 자각의 의미이다. 때문에 묵조선의 구조는 본증자각을 설하고 있는 것으로서 그 중점이 바로 깨침의 세계 곧 불의 세계에 맞추어진다. 본증의 자각이기 때문에 그 깨침으로 이끌어 나아가는 방법과 수행이 구분되어 있지 않다. 묵묵하게 좌선을 할 때에 그대로 투탈(透脫)된 깨침의 세계가 현현한다. 그 세계는 새로운 것이 아니라 자신이 원래부터 도달해 있는 세계이다.

이와 같이 묵조는 묵(默)으로서의 좌선의 수(修)와 조(照)로서 현성된 증(證)을 달리 보지 않고 증(證)이 본래부터 구족되어 있음을 설하고 있다.

이와 같은 묵조의 도리가 가장 잘 함축되어 있는 것은 『묵조명』이다. 『묵조명』은 묵조선의 본의를 서술한 짤막한 글이다. 이것은 굉지가 39세(혹은 40세) 때 천동산에 머무르고 있을 때에 찬술된 것이다. 내용은 당시 단하자순의 문하에서 진헐 등을 중심으로 일반적으로 행해지고 있던 묵조수행에 대하여 굉지가 개인적으로 묵조선의 특징을 현창하기 위하여 이전부터 전승해 내려온 조동의 가풍을 응용하여 자기 수행의 성격을 묵조에 맞추어 드러낸 것이다.

때문에 『묵조명』 속에는 묵조의 관계가 조동의 기본적인 교의인 오위(五位)의 열린 관계[回互]와 닫힌 관계[不回互]에 근거하여 나타나 있다.

『묵조명』은 4언 72구 288자로 구성되어 있다. 이 속에서 굉지는 법(法)과 비유(比喩)와 그 속성(屬性)과 공능(功能)을 자유자재하게 활용하여 한 편의 고운 비단을 짜내듯이 묵조의 의의를 토해내고 있다. 마치 조화옹(造化翁)이 삼라만상을 만들어 내듯 걸림 없이 기묘하고 심오한 모습을 일상의 자연물과 언설을 곁들이고 있다. 그리하여 온갖 양념과 재료가 뒤섞인 산채 비빔밥과 같은 모습으로 한 편의 글을 엮어내고 있다.

곧 시비분별을 떠난 그윽한 진리의 모습은 묵(黙)을 통해 은근하게 비유로 나타나고, 하나도 감추어진 것이 없이 본래의 모습 그대로 진리를 표현한 현성의 공능은 조(照)를 의지하여 있는 모습 그대로 드러나 있다. 묵과 조의 용어를 각각 이제 10회씩 활용하여 묵조의 작용(作用)과 묵조의 정체(正體)와 묵조의 현성(現成)을 드러내고 있다.

우선 묵조에 대한 속성을 두 가지로 나타내어 묵조가 지니고 있는 공능을 세 가지로 표현하여 묵조가 지니고 있는 작용을 보여 주고 있다. 묵조의 작용을 앞세운 것은 묵조의 묵(黙)이 단순히 적묵 내지 고요만을 의미하는 것이 아님을 말해 주고 있다. 이미 묵조는 처음부터 한 순간도 쉬지 않고 어느 곳에서나 작용하고 있음을 나타낸 것이다. 그러나 이 작용은 묵을 통한 조로, 그리고 조를 통한 묵으로 작용하고 있기 때문에 묵과 조가 어우러지지 않은 곳에서는 묵조의 작용이 간파되지 않는다.

다음으로 이와 같은 작용이 바탕하고 있는 그 정체가 무엇인지를 나타내고 있다. 여기에서 묵조의 작용은 다름 아닌 묵은 좌선의 묵이고 조는 깨침의 조라는 것을 설명하고 있다. 따라서 묵은 침묵의 묵이면서 동시에 몸으로 올바른 자세로 앉아서 행하는 좌선의 묵이다. 곧 언설로 말하면 지언(至言)으로서 언어 표현의 극치이고, 몸의 행위로 말하면 좌선삼매에 들어 있는 가부좌의 모습 그대로이다. 조는 본래부터 작용하고 있는 진리의 모습을 드러내는 것이면서 동시에 묵을 통해서 나타나는 깨침의 빛이다. 그래서 조는 묵을 제대로 묵이게끔 하는 조로서 온갖 세계에 널리 응하면서 방편에 떨어지지 않는 묘용(妙用)으로서의 조이다.

이와 같은 묵조의 정체는 단순히 정체라는 속성으로만 남아 있는 것이 아니다. 정체이면서 어디에나 드러나 있는 진리의 현성으로서의 정체이다. 이것을 현성공안(現成公案)이라 한다. 곧 묵조는 묵과 조의 작용과 정체가 서로 열린 관계[回互]와 닫힌 관계[不回互]를 통하여 그것을 자각으로 현성시켜 놓고 있다. 그 묵조가 현성하는 모습은 조동종가(曹洞宗家)의 본래모습으로서 작용으로 말하면 허공신(虛空神)처럼 자유자재하고, 그 정체로 말하면 화씨(和氏)의 옥(玉)이 함유하고 있는 본래의 빛깔처럼 응연부동(凝然不動)하여 동즉정(動卽靜)하다.

이처럼 묵조의 작용과 정체와 현성이 제각각이면서도 모두 서로를 거스르지 않는 중도(中道)의 규구(規矩)에서 한 치도 벗어나지 않는다는 것에 묵조의 가치와 의의가 있음을 피력하고 있다. 따라서 묵조의 종가에서는 어설픈 교리나 수행을 드러내어 남에게 강요하거나 선전할 필요가 없다. 중도의 진리를 아는 사람이면 누구나 와서 자각을 통하여 깨침을 얻어 가면 된다. 종가의 묵조에 대한 대단한 자긍심이 물씬 배어 있다.

2. 『묵조명』과 묵조선

1) 『묵조명』의 내용

『묵조명』의 제목에 있는 묵(默)이라는 글자는 그 형태를 보면 깜깜한 밤에 개 한 마리가 무슨 영문인지도 모르고 짖어대는 모습이고, 조(照)라는 글자는 日과 召와 火를 모아 놓은 형태로서 어둠에서 벗어나 밝은 광명으로 나아간다는 뜻이다. 법(法)으로 말하자면 좌선하는 사람이 삼매에 들어가서 불경계에 안주하는 것이다. 그 모습은 마치 혓바닥으로 입 천정을 떠받치고 있어 아무런 말도 하지 않고 있는 언어도단의 상태를 묵(默)이라 한 것이다. 이것이 몸에 배어 좌선 속에서 산란과 혼침이 없이 요요상지(了了常知)하여 자기의 본래광명으로 가늑차 있는 것을 조(照)라 한다. 이와 같은 묵과 조를 감각과 몸과 마음으로까지 체험하는 것을 감각탈락(感覺脫落)이요 신심탈락(身心脫落)이라 한다.

이와 같은 묵조의 경지는 『대반열반경』의 「제불 세존은 정(定)과 혜(慧)를 골고루 익혀서 밝게 불성을 보아 분명하게 걸림이 없다.」라는 설명이 여기서의 묵[定]과 조[慧]이다. 범어 사마타(奢摩他)는 정(定)의 의미로서 산란(散亂)에 빠지지 않는 것이다. 곧 일체 번뇌를 멸하는 것이고, 제근

(諸根)의 악(惡)과 불선(不善)을 조복(調伏)하는 것이며, 삼업이 적정한 것이고, 오욕을 여의는 것이며 삼독을 청정케 하는 것을 말한다. 또한 범어 비발사나(毘鉢舍那)는 혜(慧)의 의미로서 혼침(昏沈)에 빠지지 않는 것이다. 곧 생사의 악한 과보를 관하는 것이고, 모든 선근을 증장하는 것이며, 일체의 번뇌를 파괴하는 것이다.『금강경』에서 말한 세존의 여시지(如是知)라는 것은 정(定)의 의미이며, 여시견(如是見)이라는 것은 혜(慧)의 의미이다. 동산양개는 이것을 정(正)과 편(偏)이라 불렀으며, 조산(曹山)이 말한 '정위공계(正位空界) 본래무물(本來無物)'은 묵(默)의 경계로서 한 티끌도 일어나지 않는[一塵不立] 것이며, '편위색계(偏位色界) 유만물형(有萬物形)'은 조(照)의 경계로서 한 티끌도 숨어있는 것이 없이 다 드러나 있는 상태를 말한다.

묵과 조는 도리를 설할 때에는 두 모습이지만 이에 안주할 때에는 분별이 없어 마치 '종이에 글자가 인쇄되는 것은 동시이지만 그것을 읽는 데에는 전후가 있다(印紙同時 讀時前後)'는 것과 같다. 이렇게 부합되어 있는 것을 삼매(三昧) 또는 삼마지(三摩地)라고 한다. 이것을 조동의 교의 가운데 오위(五位)의 위차(位次)로 말하자면 제5위에 해당하는 겸중도(兼中到)의 지위이다.

또한 필경에는 불불조조(佛佛祖祖)가 적적상승(嫡嫡相承)한 대법(大法)으로서 반야회상(般若會上)에서의 여래의 삼매

왕삼매(三昧王三昧)에 들어 초조(初祖)로부터 28전(傳)한 보리달마(菩提達摩)의 응주벽관(凝住壁觀) 범성등일(凡聖等一)의 결가부좌이다. 이것을 명(銘)으로 서술한 것이 『묵조명』이다.

명(銘)은 경계(警戒)의 뜻이다. 후인을 훈계한다는 뜻이 내포되어 있다. 이『묵조명』도 정전(正傳)의 삼매에 안주한 자에게는 마찬가지의 의미가 내포되어 있다. 마명(馬鳴) 조사가 『대승기신론』에서 '마음의 본성이 일어나지 않으면 이것이 곧 대지혜광명(大智慧光明)의 뜻이다. 만약 마음이 견(見)을 일으키면 그것은 곧 불견(不見)의 상(相)이 된다.'고 말한 것에서 '본성이 일어나지 않는다'는 것은 묵(黙)의 뜻이고, 그 다음 '대지혜광명'은 조(照)의 뜻이다. '만약 마음이 견(見)을 일으킨다'는 것은 묵조에 어두운 것을 지적한 것이다.

또한 마명(馬鳴)이 말한 '마음의 본성이 견(見)을 여의면 이것이 곧 법계를 두루 비춘다는 뜻이다. 만약 마음이 움직인다면 그것은 참된 식지(識知)가 아니다.'는 것에서 '마음이 견(見)을 여읜다'는 것은 묵(黙)의 뜻이고, '법계를 두루 비춘다'는 것은 조(照)의 뜻이다. '만약 마음이 움직인다면 그것은 참된 식지(識知)가 아니다'는 것은 묵조에 어두운 것을 지적한 것이다.

따라서 굉지는 『좌선잠』에서 말하기를 '부처님의 요기(要機)와 조사의 기요(機要)는 닿지도 않고 알고 상대하지도 않고 비춘다'고 했는데, 위의 '부처님의 요기(要機)와 조사의 기요(機要)'라는 것은 불조를 들어 묵조의 증거로 삼은 것이며, '닿지도 않고 알고'라는 것은 묵(黙)이고 '상대하지도 않고 비춘다'라는 것은 조(照)이다.

『묵조명』의 본문은 다음과 같다.

1. 묵묵망언(默默忘言) 몸으로 묵묵하게 좌선하면서 침묵하는 그 곳에
2. 소소현전(昭昭現前) 진리는 분명하게 현전한다.
3. 감시확이(鑒時廓爾) 비추어 보면 분명하나
4. 체처영연(體處靈然) 체험하는 본래자리는 언제나 그윽하다.
5. 영연독조(靈然獨照) 그윽하여 홀로 비추는데
6. 조중환묘(照中還妙) 그 비춤 가운데 오묘한 작용이 나타나 있다.
7. 노월성하(露月星河) 마치 말은 밤하늘의 달과 은하수와 같고
8. 설송운교(雪松雲嶠) 눈에 덮인 솔과 구름 낀 봉우리 같다.
9. 회이미명(晦而彌明) 그래서 어두울수록 더욱 밝고
10. 은이유현(隱而愈顯) 감출수록 더욱 분명하게 드러난다.
11. 학몽연한(鶴夢煙寒) 학이 잠자는 것은 학이 아니면 추운 지 알 수가 없고

12. 수함추원(水含秋遠) 가을이 되어야 물이 마르는지 않는지 알 수 있다.
13. 호겁공공(浩劫空空) 좌선하는 사람은 영겁토록 공하고
14. 상여뇌동(相與雷同) 더불어 만물도 모두 공이 된다.
15. 묘존묵처(妙存黙處) 묘는 묵속에서 드러나 있고
16. 공망조중(功忘照中) 공은 조 가운데 있으면서도 티를 내지 않는다.
17. 묘존하존(妙存何存) 그렇다면 묘한 존이란 어떤 존인가?
18. 성성파혼(惺惺破昏) 그것은 성성적적하여 어둠을 벗어난 경지이다.
19. 묵조지도(黙照之道) 묵조의 도는
20. 이미지근(離微之根) 이미의 근본이다.
21. 철견이미(徹見離微) 그러므로 이미의 도리를 철견하면
22. 금사옥기(金梭玉機) 금북과 옥베틀처럼
23. 정편완전(正偏宛轉) 정과 편은 완전하고
24. 명암인의(明暗因依) 명과 암은 서로 의지한다.
25. 의무능소(依無能所) 의지하면서도 서로 능소가 없는데
26. 저시회호(底時回互) 그러한 때가 곧 열린 관계이다.
27. 음선견약(飮善見藥) 그러한 도리는 마치 선견약을 마시고
28. 과도독고(檛塗毒鼓) 도독고를 두드리는 것과 같다.
29. 회호저시(回互底時) 그리고 열린 관계일 때는
30. 살활재아(殺活在我) 살활의 작용이 자신의 손안에 있다.

31. 문리출신(門裡出身) 문리에서 몸을 벗어나면
32. 지두결과(枝頭結果) 가지마다 열매를 맺는다.
33. 묵유지언(默唯至言) 묵은 지극한 언어이고
34. 조유보응(照唯普應) 조는 널리 응하는 작용이다.
35. 응불타공(應不墮功) 그래서 조는 만물에 응해도 공에 떨어지지 않고
36. 언불섭청(言不涉聽) 묵은 언설을 마주해도 듣는데 방해되지 않는다.
37. 만상삼라(萬象森羅) 삼라만상이 모두
38. 방광설법(放光說法) 빛을 내어 설법하는데
39. 피피증명(彼彼證明) 서로가 증명하고
40. 각각문답(各各問答) 각각이 문답한다.
41. 문답증명(問答證明) 서로 문답하고 증명하는 것이
42. 흡흡상응(恰恰相應) 딱 맞게 상응한다.
43. 조중실묵(照中失默) 그래서 조에 묵이 없으면
44. 편견침릉(便見侵凌) 곧 온갖 번뇌의 침범을 받는다.
45. 증명문답(證明問答) 서로 증명하고 문답하는 것이
46. 상응흡흡(相應恰恰) 딱 맞게 상응한다.
47. 묵중실조(默中失照) 그래서 묵에 조가 없으면
48. 혼성잉법(渾成剩法) 어지럽게 쓸데없는 것이 되고 만다.
49. 묵조이원(默照理圓) 묵조의 도리가 원만하기로는
50. 연개몽교(蓮開夢覺) 마치 연꽃이 피고 꿈을 깨는 것과

　　　　　　　　　　같다.
51. 백천부해(百川赴海)　마치 온갖 강물이 바다로 모여들고
52. 천봉향악(千峰向岳)　작은 봉우리가 큰 산을 향하는 것과 같다.
53. 여아택유(如鵝擇乳)　또한 아왕이 우유만 가려 마시고
54. 여봉채화(如蜂採花)　벌이 꽃에서 꿀을 따는 것과 같다.
55. 묵조지득(默照至得)　그래서 묵조의 극치를 터득하면
56. 수아종가(輸我宗家)　우리의 본래고향에 도달한다.
57. 종가묵조(宗家默照)　그 종가에 다다른 묵조는
58. 투정투저(透頂透底)　정상부터 바닥까지 다다른다.
59. 순야다신(舜若多身)　그 경지는 마치 허공신과 같고
60. 모다라비(母陀羅臂)　관세음의 팔과 같다.
61. 시종일규(始終一揆)　처음과 끝이 일여하지만
62. 변태만차(變態萬差)　그 변화의 모습은 천태만상이다.
63. 화씨헌박(和氏獻璞)　묵 가운데 조는 화씨가 구슬을 바치는 것과 같고
64. 상여지하(相如指瑕)　조 가운데 묵은 인상여가 흠집을 지적하는 것과 같다.
65. 당기유준(當機有準)　근기에 따라 기준을 달리 두고 있지만
66. 대용불근(大用不勤)　대용은 움직임이 없다.
67. 환중천자(寰中天子)　그 근엄함은 하늘아래 천자와 같고

68. 새외장군(塞外將軍) 그 늠름함은 변방의 장군과 같다.
69. 오가저사(吾家底事) 그러므로 우리의 묵조가풍은
70. 중규중구(中規中矩) 중도의 규와 구에 들어맞는다.
71. 전거제방(傳去諸方) 제방에 전해져서도
72. 불요잠거(不要賺擧) 남을 속이는 일이 없다.

1. 묵묵망언(黙黙忘言) 몸으로 묵묵하게 좌선하면서 침묵하
                    는 그 곳에
2. 소소현전(昭昭現前) 진리는 분명하게 현전한다.

　제1·2구는 『묵조명』의 총서(總序)로서 묵조의 내용을 종합적으로 보여주고 있다. 이것을 『굉지록』에서는 「묵묵하여 정신이 맑고 기운이 청아하다」고 말한다. 이것은 순수아인 불성이 사려가 끊긴 곳에서 고요하게 된 상태로서 정신이 맑고 깨끗한 경지이다. 그래서 오직 그것을 체험적으로 맛볼 뿐이지 그것을 언설로 설할 수가 없다. 실로 달마선의 골수 그대로이다.
　묵묵망언(黙黙忘言)은 만법과 아가 일여가 되면 삼세제불의 설법도 억지가 되기 때문에 굳이 말을 필요로 하지 않는 것이다. 그래서 소소현전(昭昭現前)은 제법의 실상이 진진찰찰에 털끝만큼도 숨음이 없이 나타나 있는 것이다. 이것이 곧 굉지에게 있어 묵조의 현성 그것이다. 이것은 삼매속에

서 맛보는 밝디밝은 경험이다.

3. 감시확이(鑒時廓爾) 비추어 보면 분명하나
4. 체처영연(體處靈然) 체험하는 본래자리는 언제나 그윽하다.

 앞의 제1·2구가 총서로써 묵조의 의의를 말했다면 제3·4구는 총서에 대한 구체적인 주석이다.
 감(鑑)은 경(鏡)으로서 사물을 비추어보는 작용이다. 확이(廓爾)는 명랑하게 맑게 개인 새벽녘의 하늘과 같은 상태이다. 따라서 감시확이는 소소현전한 대주관이 객관의 사물에 상대하여 명랑하게 나타나는 모습이다. 이것은 주(主)로서의 심(心)의 묘용을 설한 것이다. 여기에서 체는 주관 그 자체로서 심이 그 자체의 생생하고 불가사의한 상태이다.
 감시확이의 감시는 회광반조하는 때이다. 여기서의 때[時]라는 것은 과거와 현재와 미래를 초월한 때이다. 이른바 경전에서 말하는「한 찰나의 마음이 반야에 상응하여 삼세의 법을 깨치고 나면 곧 그것이 다름아닌 대갑(大甲)의 현전이다」와 같은 경우이다.
 체처영연의 체는 신(身)으로서 사대육근과 팔만모공의 모두를 가리킨다. 체처는 체가 존재하는 진시방세계 모두를 가리킨다. 그 체처가 신령스럽다는 것은 체처가 불가사의하고 불가칭량하다는 것이다. 그래서 확연하게 묵조의 입장으로 관찰할 경우에는 티끌하나 없이 묵이 이루어내는 조의 경지가 그대로 나타나 있다.

확이는 용(用)으로서 삼천대천세계를 가루로 부셔버리는 것이고, 영연은 체로서 십세고금(十世古今)에 걸쳐 몰파비(沒巴鼻)한 것이다.

5. 영연독조(靈然獨照) 그윽하여 홀로 비추는데
6. 조중환묘(照中還妙) 그 비춤 가운데 오묘한 작용이 나타나 있다.

제5구는 영연(靈然)한 세계를 설명한 것이다. 그리하여 독조(獨照)는 단지 유일무이한 하나의 광명이라는 뜻이다.

제6구는 그 광명세계가 나타내는 불가사의한 모습을 서술한 것이다. 그러나 영연한 심의 광명세계는 「일심이 일어나면 만법에 허물이 생긴다」는 말처럼 상대관념에 계박되지 않은 순수한 心의 광명은 만법을 남김없이 모두 비추기 때문에 피차의 대립이 없어 우주는 유일한 광명만의 세계일 뿐이다. 그러나 그 광명의 세계에 존재하는 사물은 상호감에 표리를 이루어 융통무애한 관계를 지니고 있다.

영연독조는 묵조가 비사량으로서 조(照)할 때에는 아래로는 지옥으로부터, 그리고 위로는 아가니타의 정상에 이르기까지 진시방세계에 아무것도 볼 수 없고 다만 한 줄기 광명 뿐이므로 독(獨)이라 하는 것이다. 그 한줄기 광명속에 도리어 불가사의한 경계가 있다. 그 불가사의의 경계는 감시확이하는 작용 속에서만 훤칠하게 드러나 있다.

조중환묘는 영연독조와 같은 상황속에서 다시 묘(妙)의 진시방세계가 정안(正按)으로 나타나기 때문에 묘라 한 것이다. 이러한 모습이 이하에서는 비유로써 설명되고 있다.

7. 노월성하(露月星河) 그 모습은 마치 말은 밤하늘에 떠 있는 달과 은하수와 같고
8. 설송운교(雪松雲嶠) 눈에 덮인 솔과 구름 낀 봉우리 같다.

제7구는 풀잎에 하늘의 달이 잠들어 있듯이 어려비치고 무수한 별이 나열하여 은하에 목욕하는 광경이다.

제8구는 하얗게 뒤덮인 눈 위에 푸른 소나무가 우뚝하게 서 있고 안개 자욱한 곳에 높은 산봉우리가 홀로 솟아 있는 광경이다. 제7구는 밤이고 제8구는 낮이다. 따라서 노월성하는 조중환묘의 모습이 마치 풀 끝의 이슬이 달을 머금고 별들이 은하에서 목욕하는 것처럼 아름다움을 비유한 것이다.

설송운교는 또한 솔가지에 쌓인 눈과 산을 덮은 하얀 구름처럼 깨끗함을 비유한 것이다. 하다. 이것이 곧 묵조의 소소현전의 모습이다. 어느 것 하나 감춤이 없이 가식도 없이

그냥 나타나 있는 모습은 묵조의 좌선 속에서만 가능하다.

위의 7. 노월성하와 8. 설송운교는 묵조의 방참(傍參)을 형용한 말이다.

9. 회이미명(晦而彌明)　그래서 어두울수록 더욱 밝고
10. 은이유현(隱而愈顯)　감출수록 더욱 분명하게 드러난다.

제9구는 제7구 노월성하의 속성을 설명한 것이고, 제10구는 제8구 설송운교의 속성을 설명한 것이다. 『참동계』의 「어둠 속에 밝음이 있고」와 「밝음 속에 어둠이 있다」는 것이고, 『보경삼매』의 「밤이 대낮처럼 밝고」와 「새벽이 어둡다」는 것과 동일한 설명방식이다.

회이미명은 영연독조하는 공능이 열린 관계[回互]와 닫힌 관계[不回互]의 경계를 자유로이 현전시키는 공능을 지니고 있음을 말한 것이다. 그리하여 그 모습은 어두워도 더욱 밝아 명과 암의 열린 관계[回互]로 나타난다.

은이유현은 숨어도 훤히 드러나는 경지로서 위의 회이미명과 더불어 열린 관계[回互]의 소식을 말해준다. 그래서 끝내는 열린 관계[回互]와 닫힌 관계[不回互]의 완전(宛轉)으로 나타나 있다.

이것은 명암이 합일되고 정편이 불이한 것이다. 그러니 스스로 파악할 것이지 곁엣 사람조차도 헤아릴 수가 없는 것을 말한다. 마치 벙어리가 꿈을 꾸는 것과 같고 봉사가 꿈속에서 눈을 뜬것과 같다.

이것은 묵조의 탈체현성(脫體現成)한 속성을 말한 것으로서 오위의 위로 비교하자면 겸대의 밀용이다. 만약 그것을 『보경삼매』의 오미자로 비유하면 쓴맛 속에 단맛이 있고 단맛 속에 쓴맛이 있다는 의미이다. 이 회명과 은현을 다음에서는 비유로 설명하고 있다.

11. 학몽연한(鶴夢煙寒) 학이 잠자는 것은 학이 아니면 추운 지 알 수가 없고
12. 수함추원(水含秋遠) 가을이 되어야 물이 마르는지 않는지 알 수 있다.

제11구 안개 속에서 잠들어 춥다는 것은 차갑고 따뜻한 것과 어둡고 밝은 것이 남아 있다는 뜻이고, 제12구 가을이라서 투명하게 깊이 비춘다는 것도 역시 마찬가지의 뜻이다.

그러나 세존의 삼매를 가섭이 알지 못하고, 가섭의 삼매를 아난이 알지 못한다. 마찬가지로 학이 안개속에 잠들어 있는 것에 대하여 제삼자가 그 춥고 따뜻함을 알지 못하고, 물이 가을이라서 투명하게 물속 깊이까지 비추는 것에 대해서는 오직 가을이 되어 봐야 알 수 있는 법이다. 학의 춥고 따뜻함은 학 이외에는 알지 못한다[晦]. 그러나 그것은 명

백한 사실[明]로 확인되지 않으면 안된다. 이와 같이 회(晦)와 명(明)이 상즉하여 불리(不離)의 관계에 있음을 말한다. 이러한 경지에 이르러서는 정(情)과 비정(非情)을 초월하고 작(作)과 무작(無作)을 투과하는 것이다.

학몽연한은 회이미명과 은이유현의 경지를 비유한 것으로서 그 모습은 마치 학이 꿈속에서 안개 때문에 추워하는 모습이다. 곧 직접 학의 입장이 되어보지 않으면 학을 이해하지 못한다.

수함추원은 또한 시냇물은 가을날처럼 가뭄이 되어봐야 그 물이 마르지 않는 샘 깊은 물인지 알 수가 있다. 이에서 학과 물의 비유는 굉지에게 있어서 묵이상조(黙而常照)하는 묵조의 방참(傍參)을 말한 것으로서 곧 굉지 자신의 모습을 형용한 용어로 자주 등장하고 있다.

이상은 묵과 조의 관계에 대하여 종횡으로 상관관계에 있음을 말한 것이다. 다음부터는 묵조의 공능[功德]에 대한 설명이다.

13. 호겁공공(浩劫空空) 좌선하는 사람은 영겁토록 공하고
14. 상여뇌동(相與雷同) 더불어 만물도 모두 공이 된다.

제13구의 호겁은 한량없는 시간을 가리킨다. 곧 까마득한 대겁을 말하는 것으로서 경전에서 말하는 「아미타불의 광명

은 그 밝기가 끝이 없다. 그래서 겁후무수겁(劫後無數劫) 그리고 무수겁중복무수겁(無數劫重複無數劫) 그리고 무수겁무앙수(無數劫無央數)토록 끝끝내 어둠이 없다」는 무수겁과 같다.

공공은 그것이 가이없다는 의미로서 과거 현재 미래에 걸친 무제한의 시간이다. 곧 공공이란 『대품반야경』의 20공 가운데 하나로서 일체법공으로서 그 공도 또한 공한 것을 말한다.

상여뇌동은 뇌성이 원근에 울려퍼져 사람들의 꿈을 깨운다는 의미이다. 그래서 위의 영연독조와 조중환묘는 시간적으로는 호겁에 통하고 공간적으로는 공공에까지 통하는 밀용(密用)과 방참(傍參)을 겸대한 속성을 지니고 있음을 말하고 있다.

뇌동의 두 글자는 마치 우뢰가 치면서 소리를 내면 만물이 동시에 그것에 응한다는 의미로서 위의 호겁공공과 함께 묵조의 속성을 말한 것이다. 도가(道家)의 『도인경(度人經)』에서 말한 애시당초의 호겁이란 바로 이것을 가리킨 것인데, 그것은 뜻은 한량없는 겁이라는 뜻이다.

뇌동이라는 말은 유교경전에서 나온 말로서 우레치는 소리가 십 리 밖에까지 들리는 것을 말한다.

따라서 위의 호겁공공과 상여뇌동은 법의 대의이다. 이러한 삼매에 안주하게 되면 거기에서 나오는 공덕은 끝없는 과거로부터 끝없는 미래에 이르기까지 일체군생의 미몽을 각성시키는 것이 마치 뇌성과 같아서 각각의 안목을 일깨우는 것을 비유한 것이다.

따라서 제13·14구는 무한한 시간과 무한한 공간에 묵조삼매의 공능이 보급되어 사람들의 미몽을 일소하고 신심(身心)을 명정하게 하여 해탈시킨다는 뜻이다.

15. 묘존묵처(妙存默處) 묘는 묵속에서 드러나 있고
16. 공망조중(功忘照中) 공은 조 가운데 있으면서도 티를 내지 않는다.

그러나 그 공능은 무아로 행해진다. 여기에서 말하는 묘는 공능의 주체이다. 주체로서의 묘는 확이한 공[默] 속에 있으므로 존(存)이라 해도 볼 수 있는 것이 아니다. 이것이 곧 유(有)이면서 무(無)한 존재이다.

그래서 그 공용도 또한 오직 일광명으로만 비추기 때문에 어떤 조작도 어떤 과장이나 자랑도 없다. 그 경지가 불가사의하기 때문에 굳이 묘라 이름하는 것이다. 또한 부처는 설법에 있어 단멸상(斷滅相)을 설하지 않았는데 그것을 굳이 존(存)이라 이름하는 것이다.

공(功)은 조작에 속한다. 그러나 허명(虛明)하고 자조(自照)하여 심력(心力)을 들이지 않기 때문이 망(忘)이라 한다.

묘존묵처는 앞의 조중환묘에서와 같이 묘는 말이아 생각으로 도달하지 못하는 묵처에서 나타나는 묘이므로 조금도 공(功)에 걸리지 않는다. 말하자면 묵이묘(黙而妙)이다.

그리고 공망조중은 조(照)로 나타나는 공(功)이건만 그 조는 공을 잊은 조이므로 어떠한 조작으로도 엿볼 수가 없는 곳이다. 곧 묵 가운데에 나타나는 조의 묘는 조 그 자체로 완전한 것이라서 일체의 공능에 의지하지 않는 독조(獨照)이다.

17. 묘존하존(妙存何存) 그렇다면 묘한 존이란 어떤 존인가.
18. 성성파혼(惺惺破昏) 그것은 성성적적하여 어둠을 벗어난 경지이다.

묘의 존재상태는 어떤가. 그것은 성성한 마음에 광명이 드러나 혼미한 어둠이 사라진 존(存)이다. 그래서 묘존하존은 위의 묘존묵처에서 묵처에 존(存)하는 묘는 어떠한 격별도 없는 존재이다. 곧 묘용으로 나타내어 있기 때문이다.

그와 같은 구체적인 모습으로 형용되는 성성파혼은 단지 성성하게 마음에 광명이 생기면 그대로 혼침의 어둠이 사라지는 것일 뿐이지 어둠과 광명의 상대적인 성성일 수 없는 것이다. 묵의 묘존이기 때문에 그것은 바로 조의 공능을 통하기 때문이다.

19. 묵조지도(默照之道) 묵조의 도는
20. 이미지근(離微之根) 이미의 근본이다.

이미 성성하여 번뇌를 끊은 자기라면 그 출식(出息 [微])과 그 입식(入息 [離])에 눈꼽만치도 오염되지 않는다. 이것이 곧 출식이 중연(衆緣)에 끄달리지 않고 입식이 온계(蘊界)에 머물지 않는 소식이다.

따라서 묵조지도는 이 묵과 조는 그대로 보리이므로 묵조의 도는 바로 정과 혜를 균등히 하여 불성을 밝게 보는 것을 의미한다. 경전에서는 이 근거로서 지와 관을 함께 수행하라고 말한다. 그 치우침이 없는 지관수행은 바로 좌선의 밀용(密用)으로서 묵조의 근본이 이미(離微)에 있음을 말한 것이다.

이미지근의 이(離)와 미(微)는 승조가 『보장론』에서 자세한 설명을 하고 있다. 그 요체는 곧 「입리(入離)와 출미(出微)는 입리를 알면 밖의 대상에 의지할 바가 없고, 출미를 알면 안으로 마음에 행할 바가 없다. 안으로 행할 바가 없으니 모든 견해에 영향을 받지 않고, 밖으로 의지할 바가 없으니 만유에 부림을 당하지 않는다. 따라서 생각이 고요하여 모든 견해에 영향을 받지 않으니 적멸하여 부사의하다. 그러므로 본래의 청정한 체성은 이미로부터 나온다. 입(入)에 의거하기 때문에 리(離)이고, 용(用)에 의거하기 때문에 미(微)이다」의 뜻이다.

이것은 본래 천태의 『육묘문』 가운데 수식(隨息)에 관계되는 말로서, 입식 때에 「지금 숨을 들이마신다」라고 알면 외부의 육진이 마음에 의지할 틈이 없고, 출식 때에 「지금 숨을 내쉰다」라고 알면 내부의 사온(四蘊)이 움직일 틈이 없어진다. 이 곳이 바로 지극묘세한 장소로서 색·수·상·행·식의 오온으로 나뉘어지기 이전이다. 그렇기 때문에 입리와 출미를 안다면 외부의 육진과 내부의 사온(四蘊)이 아(我)로부터 곧 벗어나게 된다.

반야다라의 설법 가운데 「숨을 들이쉴 때에도 모든 반연에 따르지 않고, 숨을 내쉴 때에도 온계에 머물지 않습니다. 그래서 항상 이와 같이 백천 만억 권의 경전을 굴리지만 실은 한 권도 굴리지 않습니다」에서 「숨을 들이쉴 때에도 모든 반연에 따르지 않고」는 출미이고, 「숨을 내쉴 때에도 온계에 머물지 않습니다」라는 것은 입리로서 출도 입도 모두 왕삼매의 유희이다.

그리고 보리달마가 혜가를 위하여 설법한 「밖으로는 모든 반연을 끊고 안으로는 마음에 헐떡거림이 없어 마음을 방벽과 같이 해야만 도에 들어갈 수 있다」고 말한 것도 「밖으로는 모든 반연을 끊고」라는 것은 출미(出微)이고 「안으로는 마음에 헐떡거림이 없다」라는 것은 입리(入離)이다.

따라서 이 이미(離微)는 묵조의 방참(傍參)으로 나타난 묘용이다.

21. 철견이미(徹見離微) 그러므로 이미의 도리를 철견하면
22. 금사옥기(金梭玉機) 금북과 옥베틀처럼

밖으로는 만유의 유혹에 미혹되지 않고 안으로는 망상의 미몽이 끊어진 이상 금사(金梭)와 옥기(玉機)의 작용에 의하여 직물이 짜여지듯 엮어져 있는 우리네 인생이라는 한 필의 비단은 어떤가.

조동의 금수(錦繡)와 묵조의 문채(文彩)는 설령 천 명의 부처님이 출세한다 해도 그 가치를 알 수가 없다. 앉아서 육묘문을 잊는 그 자리에서 하는 생각은 무엇인가. 부처도 접근하지 못하고 조사도 접근하지 못한다. 이러한 경지가 곧 철견(徹見)의 시절이다. 미(微)가 움직이기로는 북[梭]과 같고, 이(離)가 고요하기로는 베틀[機]과 같다. 이 베틀과 북으로 말미암아 조동(曹洞)이라는 비단은 만들어지는 것이다.

그 비단의 문채는 염오에 속하지 않는 것으로서 오색(五色)·오위(五位)·오불(五佛)·오지륜(五智輪)이다. 어떤 때는 미륵의 손아귀에서 솟아나기도 하고, 어떤 때는 문수의 머리 위에 기어오르기도 한다. 그래서 승조는 「미(微)를 철견하는 것이 불이고, 이(離)를 아는 것이 법이다」고 말했다.

철견이미는 법으로서 아래의 금사옥기는 비유이다. 입리

를 철견한다면 외부의 육진으로부터 벗어나게 되어 순역의 이연(二緣)이 녹아 없어지고 애증의 분별이 사라져 출미가 그대로 입리가 되고 입리가 그대로 출미가 된다. 이(離)와 미(微)의 방참(傍參)을 이해하는 것은 마치 아래의 비유와 같이 같은 듯 다른 듯 방제(傍提)의 관계로 나타난다.

금사옥기는 베틀의 날줄과 북의 씨줄에 비유한 것이다. 이(離)는 베틀의 날줄처럼 고요하고 미(微)는 북의 씨줄처럼 움직인다. 이것이 동상종(洞上宗)의 비유로서 이의 정과 미의 편이 서로 완전(宛轉)하여 머물러 있지 않으므로 한 필의 비단이 이루어지는 것이다. 옥과 금이라는 말을 쓴 것은 세속의 베틀과 북을 말하는 것이 아니다. 완전(宛轉) 속에서 의 베틀이고 북이기 때문이다.

23. 정편완전(正偏宛轉) 정과 편은 완전하고
24. 명암인의(明暗因依) 명과 암은 서로 의지한다.

이미 조동의 금수능라(錦繡綾羅)인 이상 그것은 실로 중국 조동선의 개조인 동산의 정편의 기사(機梭)로써 짜여진 포(布)가 아니면 안된다. 정은 본체이고 편은 현상이다. 정은 공하여 유(有)로 발전되어 나아가야 할 본질적인 존재이므로 초인식의 세계로서 어둠에 속하고, 편은 유(有)로서 공을 기본으로 하는 형이하(形而下)의 만유이므로 인식의 대상으로서 明에 해당된다.

정위(正位)는 공계로서 본래무물이고, 편위는 색계로서 삼라만상의 형태이다. 그리고 정중지래(正中之來)와 편중지지(偏中之至)는 각각 자기의 위치를 고집하지 않고 완전(宛轉)하여 결절(結節)되어 있는 것과 같다. 이 속의 상황은 오안(五眼)으로도 변별하기가 어려우니 정(正)·중(中)·편(偏)의 삼목(三目)으로 어찌 판별할 수 있겠는가.

『화엄경』에서 말하는 항포법문과 원융사상도 바로 여기에서 나온 것이고, 『금강경』에서 말하는 제상비상(諸相非相)의 도리도 이에 의하여 출현한 것이다.

기(機)의 정과 사(梭)의 편이 서로 어그러지지 않게 작용하여 한 곳에 머물러 있지 않는 것을 완전(宛轉)이라고 한다. 완(宛)은 완곡(宛曲)이고 전(轉)은 순환(循環)이다. 곧 열린 관계[回互]이면서 닫힌 관계[不回互]를 자재하게 원융하는 현상을 나타내는 조동선지의 한 기관(機關)이다.

그것이 명의 편과 암의 정으로서 서로 인의(因依)하여 치우치지 않는 것을 겸도의 본위라고 한다. 곧 정편완전·명암인의가 겸대로서 현성한 것이다. 이 정편이란 씨줄과 날줄에 의하여 우주라는 한 필의 포(布)가 짜여진 이상 정편은 서로 완전(宛轉)하고 명암은 서로 원인으로 의지하는 것이다.

25. 의무능소(依無能所) 의지하면서도 서로 능소가 없는데

26. 저시회호(底時回互) 그러한 때가 곧 열린 관계이다.

 정과 편이 서로 의지한다고 말하지만 정과 편은 결국 하나로서 정 외에 편이 없고 편 외에 정이 없다. 만약 정 외에 편이 있다면 그것은 초월적인 일원론이고 초월적인 일신론이다. 불교는 그와 같은 일원론은 아니다.
 의무능소는 명이 암에 인하고 암이 명에 의하는 것이다. 이를테면 능(能)에 의존하는 것과 소(所)에 의존되는 것의 이원적이 아니다. 더 이상의 능소의 관계가 아니라 완전(宛轉)한 방제(傍提)의 관계이기 때문이다.
 저시회호하는 그러한 때에는 어떤 것이 선(先)이고 어떤 것이 후(後)라는 개념이 없이 이것과 저것이 열린 관계[回互]이다. 가령 물의 소용돌이처럼 앞뒤가 없다. 다만 물의 소용돌이가 있을 뿐이다. 무엇이 물인지 그리고 그 회전은 좌회전인지 우회전인지가 아무런 의미가 없어지고 만다.
 능소가 완전(宛轉)의 상태가 되어 원융한 모습이다. 그러면 의지하지 않을 때는 어떤가. 능은 소에 의지하여 성립되고 소는 능에 의지하여 형성된다. 그리하여 그 근원을 따져가다 보면 본래 동일한 공이다. 동일한 공은 양(兩)과 같은 것이라서 모두 만상을 머금고 있다. 이런 까닭에 펼치면 법계를 두루 뒤덮고 거두면 터럭과 실 끝보다도 작다.
 이 점은 『신심명』에서 자세하게 설하고 있다. 「객관은 주관을 말미암아 객관이고, 주관은 객관을 말미암아 주관이다. 그러므로 이 둘을 알고자 하면 원래 그것은 일공(一空)이다. 일공(一空)은 양쪽에 똑같고 나란하여 만상을 포함한다」

요컨대 이 의미는 주관과 객관, 본체와 현상, 정과 편은 동일물의 양면관이기 때문에 양자는 곧 분리되는 것이 아니다. 이와 같이 상즉된 상태를 일공이라 하면 어떨까. 그 일공에 정편이 있고 색공이 있다. 그 일공을 현실의 세계로 보면 바로 거기에 본체의 이상이 있는가 하면 현상의 실의(實義)도 있다. 이것이 반야의 공즉시색 색즉시공의 도리이다. 이것이 곧 제26구의 저시회호이다.

27. 음선견약(飮善見藥) 그러한 도리는 마치 선견약을 마시고
28. 과도독고(檛塗毒鼓) 도독고를 두드리는 것과 같다.

정편이 열린 관계[回互]에 있고 명암이 서로 의지하는[因依] 조동의 가풍은 사람을 죽이기도 하고 살리기도 하는 살활에 자재하다.

선견약은 죽은 것을 살려내는 공능이 있다. 곧 선견약은 이 약을 복용하면 죽어가는 사람도 곧 살아난다는 약으로 사(死)가 홀연히 활(活)이 되는 신비한 힘을 지니고 있다. 선견약이란 경전에 나오는 말이다. 즉「나무왕이 있는데 이름이 선견이다. 그 선견나무왕은 뿌리 · 큰 줄기 · 잎 · 가는

가지, 그리고 모든 꽃과 과일·색·향기·맛·촉감 등이 다 병을 치료하는데 사용된다」는 영약이다.

도독고는 일체를 죽이는 힘이 있다. 곧 도독고는 이 북소리를 듣기만 해도 곧 목숨을 잃게 되는 위험한 북으로서 앞의 선견약에 상대되는 것으로서 활(活)이 홀연히 사(死)가 되는 소식을 말한다. 곧 경전에서는 「비유하자면 어떤 사람이 여러 가지 독약을 사용하여 큰 북에 바른다. 그리고서 대중 가운데서 그 북을 쳐서 소리를 낸다. 그러면 아무런 생각없이 그 소리를 듣고자 하여 소리를 듣게 되면 북소리를 듣는 사람은 다만 한 사람만을 제외하고는 모두 죽게 된다. 그 한 사람은 곧 대승경전을 지니고 있는 사람이다. 대반열반경도 또한 이와 같아서 어느 곳에 있든지 무엇을 하든지 그런 속에서도 이 경전의 이름만 들어도 자신이 지니고 있는 탐욕·성냄·어리석음 등이 다 사라져 없어지고 만다」고 말하고 있다.

이것은 앞의 제26구의 열린 관계[回互]의 관념을 연상하여 설명한 것이다. 그래서 음선견약과 과도독고는 묵조좌선의 방제(傍提)를 나타낸 표현이다.

29. 회호저시(回互底時) 그리고 열린 관계일 때는
30. 살활재아(殺活在我 살활의 작용이 자신의 손안에 있다.

제29구는 앞의 저시회호와 같은 의미로서 묵조삼매이고, 제30구는 선견약과 도독고를 가지고 살[黙]과 활[照]을 자유자재하게 구사하는 능력을 말한다. 묵과 조가 묵이 묵에만 떨어지지 않고 조가 조에만 떨어지지 않는 도리를 회호저시의 정안(正按)과 마찬가지로 작용하는 가운데 은밀하게 진리를 현성시켜 나아가고 있다. 이것은 모두 살활자재가 묵조삼매에 든 내 손안에 있다는 것을 말하고 있다.

이와 같은 신통의 예는 다반사이다. 긍가신녀는 만리에 떨어져 있어도 땅강아지와 개미가 싸우는 소리를 분명하게 들었고, 아나율다는 천산이 막혀 있어도 또한 나방유충과 파리가 춤추는 것을 보았다.

31. 문리출신(門裡出身) 문리에서 몸을 벗어나면
32. 지두결과(枝頭結果) 가지마다 열매를 맺는다.

이것은 용이하게 살활자재함을 결론적으로 말한 것이다. 제31구는 옛말에 「문리(門裡)에서 몸을 벗어나기는 쉬워도 신리(身裡)에서 문을 벗어나기는 어렵다」는 의미를 응용하여 용이하다는 것을 교묘하게 드러낸 용어이다.

문리란 일체제법이고 출신이란 그 제법에 오염되지 않는 것으로서 향상의 극지이다. 이미 불도수행에 의한 향상의 극위에 도달하면 주관에 객관에 끄달리는 분별취사에 빠지지 않고 일체를 여실하게 인식하는 곳에 제법의 실상이 나타나 일법 일법이 모두 중대한 의의와 가치를 지니게 된다.

문리출신은 운거도응의 「득자(得者)는 사소한 것[微]도 가벼이 여기지 않고, 명자(明者)는 용(用)도 천하게 여기지 않는다. 식자(識者)는 묻는 것을 부끄러워하지 않고, 해자(解者)는 염오가 없다. 하늘로부터 내려오면 빈한하고, 땅으로부터 솟아오르면 부귀하게 된다. 문(門) 속에서 신(身)을 벗어나는 것은 쉬우나 신(身) 속에서 문(門)을 벗어나는 것은 어렵다. 동(動)하면 천 길 땅 속에 몸이 묻히고, 부동(不動)하면 그 자리에서 곧 싹이 튼다. 일언(一言)을 형탈하면 초연히 즉금의 시(時)를 떠나게 된다. 말은 굳이 많을 필요가 없다. 말이 많으면 쓸모가 없는 것이다」라는 시중에 잘 나타나 있다.

하늘에서 내려오면 빈한하다는 것은 귀함을 얻지 못하기 때문이고, 땅으로부터 솟아오르면 부귀하게 된다는 것은 무(無) 가운데에서 홀연히 유(有)가 나타나기 때문이다. 이것은 좌선에 있어서 자연스럽게 나타나는 묵조의 묘용을 말한 것이다.

그래서 이 「문(門) 속에서 신(身)을 벗어나는 것은 쉽다」라는 뜻을 취하여 살활이 내 손아귀에서 자유자재하다는 것에 결부시켜 이것을 아래의 「가지 끝마다 열매가 달렸다[枝頭結果]」는 것으로 연결하고 있다.

곧 묵조의 공능이 두두물물에 현성해 있음을 말한다. 그것을 비유로써 가지마다 아름답고 충실한 과실이 주렁주렁 열려있는 것과 같음을 말하고 있다. 그 과실 하나하나가 모두 대표적인 가치적 존재로 인정받는 것이다.

그래서 지두결과는 안·이·비·설·신·의의 육근문으로부터 벗어나 색·성·향·미·촉·법의 육진에 대하게 될 때 비사량에 안주하게 되면 전신(全身)의 출입이 근(根)에도 진(塵에)도 떨어지지 않아 진진법법에 모두 전체현성을 말한다. 곧 가지 끝마다 과일이 익어가는 것과 같다. 원래 나무 한 그루는 이 열매 하나가 전체현성한 것으로서 근경지엽(根莖枝葉)으로 드러난 것이다. 곧 묵조의 방참(傍參)을 말하고 있다.

33. 묵유지언(默唯至言) 묵은 지극한 언어이고
34. 조유보응(照唯普應) 조는 널리 응하는 작용이다.

이미 그렇다면 묵조선의 묵은 소극적 표현이 아니라 묵이 도리어 뇌성과 같이 지극히 적극적인 내용을 불러일으키는 지언이다. 비로자나금강여래의 설법 속에는 온갖 삼매 속에 묵묵하게 응주해 있는 모습을 다양하게 설명하고 있는데 바로 그 묵언이기도 하다.

따라서 불어(佛語)를 근본으로 삼고 있는 것으로서 금강

여래의 말은 이른바 언성이 없음을 말한다. 다만 마음으로 묵연할 뿐이다. 바로 이 보리심은 본래 색상이 따로 없는 법을 가리킨다. 이것이 아래의 「조(照)는 오직 널리 응하여 비추는 것을 말할 뿐이다」에 이어지고 있다. 따라서 그 묵으로부터 드러난 조는 지극히 보편적인 응현성(應現性)임을 말해주고 있다.

그 조유보응은 위의 묵유지언과 짝을 이루어 묵은 언의 묵이고 조는 응연의 조임을 말한 것이다. 곧 앞의 『대승기신론』에서 법계를 두루두루 비춘다는 뜻을 근본으로 삼는 것을 말한다. 「근본 이래로부터 성(性)은 스스로 일체의 공덕을 만족하고 있다. 이른바 성(性) 그 자체에 대지혜의 광명의 뜻과 법계를 두루 비추는 뜻과 진실하게 아는 뜻과 자성이 청정하다는 뜻과 상·낙·아·정의 뜻이 있다」

곧 묵조의 추기(樞機)가 완전(宛轉)속에서 밀용(密用)하고 있는 것을 말한다. 『기신론』의 이언진여(離言眞如)와 불변진여(不變眞如)를 제33구에, 그리고 의언진여(依言眞如)와 수연진여(隨緣眞如)는 제34구에 속하는 것으로 보는 것도 가능하다.

35. 응불타공(應不墮功) 그래서 조는 만물에 응해도 공에 떨어지지 않고
36. 언불섭청(言不涉聽) 묵은 언설을 마주해도 듣는데 방해

되지 않는다.

제35구 응불타공은 조(照)할 때는 진시방법계에 두루 응하면서도 조금도 공(功)에 떨어지지 않는 무작의 묘용으로서 아래의 언불섭청과 호응관계를 이룬다. 곧 공용(功用)이 자연스러우면 그 공은 곧 무공용(無功用)의 대공용(大功用)이다.

제36구 언불섭청은 우레와 같은 말이더라도 육이(肉耳)가 아닌 심이(心耳)로 들어야 한다는 것을 말한다. 그래서 묵할 때는 대천세계에 두루 울려 퍼지는 큰 우레의 설법이면서도 귀에는 들리지 않는 것으로, 소위 동산양개의 오도송에서 말하는 「눈으로 소리를 듣는 마음」 바로 그것과 같다.

이 도리는 판치생모(版齒生毛)라야 비로소 알 수 있다. 춘하추동이 허공을 무너뜨리고, 궁상각치우가 풍수를 노래한다. 그러므로 「물새가 나무에서 염불하고 염법한다」고 말했다.

37. 만상삼라(萬象森羅) 삼라만상이 모두
38. 방광설법(放光說法) 빛을 내어 설법하는데

만약 심이(心耳)와 심안(心眼)으로 듣고 본다면 유정과 무정이 모두 도를 설하고 풀 한 포기와 나무 한 그루도 모두 불광명을 내는 줄을 알 것이다. 이 만상삼라는 체이며, 아래의 방광설법은 그 용으로서 위에서 언불섭청이라고 말한 이유는 삼매에 들 때에는 삼라만상이 쉼없이 그 본체로서의 위(位)를 호융(互融)하면서 방광설법을 한다.

그리고 방광설법은 위의 만상삼라가 주야로 대광명을 내어 팔만사천 다라니문을 설하는데 그 광명은 눈으로는 볼 수 없고 그 설법도 귀로는 들을 수 없음을 비유로 말한 것이다. 이것은 깨침의 분상에서 일어나는 묵과 조의 정안(正按)이기 때문이다.

39. 피피증명(彼彼證明) 서로가 증명하고
40. 각각문답(各各問答) 각각이 문답한다.

우주는 하나의 법계이다. 일법 일법이 모두 등질(等質)·등가치(等價値)한 존재이다. 마치 무수한 보배가 연결되어 있어 서로가 빛을 비추듯이 사사무애한 묘미를 비유로 나타낸 것이다.

만상이 설법하면 삼라가 듣고 삼라가 설법하면 만상이 들으며, 산의 설법을 바다가 듣고 바다의 설법을 산이 들으며, 모기의 설법을 개미가 듣고 개미의 설법을 모기가 듣는 것을 말한다. 일진(一塵)도 설하지 않음이 없고 일진(一塵)도 듣지 않음이 없다. 곧 흡흡상응하는 묵과 조의 방제(傍提)를 말한다.

따라서 산이 물으면 바다가 답하고 바다가 물으면 산이 답한다. 이런 것은 진진법법과 두두물물이 모두 같다. 이것은 곧 「부처가 설법하며 보살이 설법하고 국토가 설법하고 중생이 설법하며 십방삼세 일체가 설법을 한다」는 것이 바로 이러한 의미이다. 동산양개의 『보경삼매』에서 말하는 고창쌍거(鼓唱雙擧)의 뜻도 이러한 의미이다. 위의 피피증명과 함께 현성공안을 방제(傍提)와 함께 방참(傍參)을 말한다.

41. 문답증명(問答證明) 서로 문답하고 증명하는 것이
42. 흡흡상응(恰恰相應) 딱 맞게 상응한다.

흡흡은 마음을 활용하는 모습을 말한 것으로 사물에 대하여 적절하게 잘못이 없는 것이다. 그리하여 일사(一事)와 일물(一物) 사이에도 하등의 우열이 없고, 낱낱 우주법계의 구성요소로서 완전하게 상응하는 것을 말한다.

위의 피피증명과 각각문답을 이어받아 이 문답증명은 그 문과 답이 조금도 차별이 없어 마치 함개(函蓋)처럼 딱 들어맞는 것을 표현한 것으로서 묵조에서의 묵과 조가 서로 완전(宛轉)한 열린 관계[回互]로 구성되어 있음을 말한 것이다.

그리고 흡흡상응은 앞의 문답증명이 묵과 조의 완전(宛轉)한 열린 관계[回互]임을 현성의 입장에서 표현한 것으로

서 흡흡상응은 곧 묵조의 방제(傍提)이다.

그리고 이 흡흡상응은 묵조에서의 용심의 모습에 주목하여 마음과 마음이 조금도 어그러짐이 없음을 말하는데 그런 까닭에 상응이라고 한다. 그리하여 함(函)과 개(蓋)가 일합(一合)하고 전(箭)과 봉(鋒)이 상주(相拄)하는 도리를 사사무애법계라 이름한다. 서천의 28대 조사가 모두 제강(提綱)한 것으로서 언(言)과 묵(黙)으로 복장하지 않은 바가 없다.

43. 조중실묵(照中失黙) 그래서 조에 묵이 없으면
44. 편견침릉(便見侵凌) 곧 온갖 번뇌의 침범을 받는다.

이상은 묵과 조가 열린 관계[回互]로서 그 가운데 어느 하나라도 없으면 장애가 발생하는 것을 말한다. 지혜만 있고 자비가 없으면 영악하게 잘못 흐르는 것과 같다. 묵의 존재가치를 말한다.

이 조중실묵과 아래의 편견침릉은 흠이나 허물[瑕]을 경계시키는 구절이다. 즉 묵조의 좌선에서 조가 묵을 상실한 조라면 그 조는 허상으로서 사마(邪魔)와 같이 나타난다.

그리하여 위의 조중실묵은 동산양개가 말하는 이빨 빠진 호랑이와 같고 절름발이 말과 같다. 여기에서 침능은 사마(邪魔)가 얼굴만 온화한 모습으로 등장하는 것을 말한다.

45. 증명문답(證明問答) 서로 증명하고 문답하는 것이
46. 상응흡흡(相應恰恰) 딱 맞게 상응한다.

이 증명문답과 상응흡흡은 위의 문답증명과 흡흡상응을 뒤집어 보인 것으로서 서로 그 의미가 같다. 곧 묵조에서의 묵과 조의 완전(宛轉)한 열린 관계[回互]를 말하는데 아래의 묵중실조를 이끌어내기 위한 암시를 주고 있다.

47. 묵중실조(默中失照) 그래서 묵에 조가 없으면
48. 혼성잉법(渾成剩法) 어지럽게 쓸데없는 것이 되고 만다.

묵과 조가 회호하는 것으로서 조 없는 묵은 마치 지혜가 없는 묵과 같아서 헛된 노력이 되어 결과가 없는 것을 말한다. 조의 존재가치를 말한다. 47. 48.은 43. 44.와 함께 묵조의 호용을 말한 것이다.

묵중실조와 혼성잉법은 앞의 조중실묵하면 편견침릉한다는 것과 구조의 관계는 같지만 그 내용은 반대이다. 곧 묵조 가운데에서 조를 상실한 묵이라면 그것은 바로 대혜종고가 비판한 묵조사선(默照邪禪)이 되고 마는 것이다.

따라서 묵과 조의 좌선에서 묵과 조의 어느 것 하나라도 상실한 불완전한 묵조라면 아래에서 말하는 무용지물이 되고 만다. 그래서 조중실묵과 묵중실조는 좌선에 있어서 서

로 완전(宛轉)한 방제(傍提)의 관계로 작용하고 있다.

49. 묵조이원(黙照理圓) 묵조의 도리가 원만하기로는
50. 연개몽교(蓮開夢覺) 마치 연꽃이 피고 꿈을 깨는 것과
같다.

 이것은 묵과 조의 합일상태를 말한다. 49.는 묵조의 도리를 설명한 법(法)이고, 50.은 묵조의 비유를 설명한 유(喩)이다.
 『불지경론』에 「일체종지를 갖추고 있을 때에는 마치 잠과 꿈에서 깨어난 듯하고, 연꽃이 벙그는 것과 같다」고 한 말을 연상시킨다. 좌선에 있어서 묵과 조가 일합하게 되면 그 경지는 원만보신노사나불의 경지가 되어 아래에서 말하는 비유와 같이 현성한다.
 묵조좌선을 하는 당사자의 경지는 곧 연이라면 연화를 피우고 꿈이라면 꿈을 깨는 경지처럼 위없는 경계가 된다. 그리하여 그 경지는 「불지의 경계는 일체지와 일체종지를 갖추어 번뇌장과 소지장을 여읜다. 그리하여 일체법(一切法)과 일체종상(一切種相)에서 능히 스스로 깨침을 열며, 또한 능히 일체유정까지도 깨치게 한다. 그 모습은 마치 잠에서 꿈을 깨듯하고 연이 그 꽃을 피우듯 한다. 그러므로 불지라 한다」와 같게 된다.

그리하여 정전(正傳)의 삼매에 안주하여 곧 위없는 깨침에 이르는 것을 말하고 있다. 영가현각이 말하는「곧 바로 여래의 지위에 오른다」는 것과 같은 소식이다.

51. 백천부해(百川赴海) 마치 온갖 강물이 바다로 모여들고
52. 천봉향악(千峰向岳) 작은 봉우리가 큰 산을 향하는 것과 같다.

묵조의 숭고함과 원만함을 비유한 것이다. 불경계는 육도만행이 다 묵조삼매로 조종(朝宗)을 삼고, 모든 수행계위도 묵조삼매에 바탕하고 있다는 뜻이다. 이러한 묵조의 일합상의 경계가 향상함을 비유로써 예찬한다면 마치 온갖 강물이 바다로 모여드는 것과 같다.

곧 입불지(入佛地)의 경계는 육도만행의 백천(百川)이 모두 이 삼매의 향수해 속에 흘러들지 않음이 없으며, 온갖 봉우리가 수미봉을 향하고 있는 바와 같다.『증도가』의「곧 바로 여래의 지위에 오른다」와『신심명』의「눈이 만약 잠들지 않으면 온갖 꿈은 저절로 사라진다」와도 같다. 곧 묵조의 원만함을 표현한 것이다.

온갖 천봉(千峰) 곧 대승의 수행계위 52위가 이 왕삼매인 수미산 봉우리에 고개숙이지 않음이 없다. 위 백천부해의 부(赴)와 천봉향악의 향(向)은 공손함을 표시하면서 다가선

다는 의미로서 묵조가 이루어내는 세계에 백천 가지의 삼매가 현성함을 말한다. 곧 묵조의 속성을 방참(傍參)으로 나타낸 것이다. 『신심명』의 「시방의 지혜로운 자가 모두 이 종지에 들어어간다」는 것과 같다.

53. 여아택유(如鵝擇乳) 또한 아왕이 우유만 가려 마시고
54. 여봉채화(如蜂採花) 벌이 꽃에서 꿀을 따는 것과 같다.

여아택유는 아왕(鵝王)이 우유만을 골라 마시듯 하는 이 구절은 묵조의 공능을 방제(傍提)의 입장에서 비유하여 나타낸 것으로서 경전에서 「비유하자면 물과 우유가 같은 그릇에 섞여 있을 때 아왕(鵝王)은 그것을 마심에 있어 우유만 골라 마시고 물은 마시지 않고 남겨 놓는 것과 같다」라고 말하는 것과 같은 경지이다.

여봉채화는 벌이 꽃에서 꿀을 모으듯이 하는 이 구절도 위의 여아택유와 마찬가지로 경전의 비유를 인용한 것이다. 위의 여아택유와 여봉채화는 삼매의 혼산을 제거한 것이다. 곧 묵조의 광명은 한 모금의 우유맛을 보는데 있어서도 함부로 선택하지 않고 신중을 기하는 것이다 비유하면 벌이 꽃을 취하는 데에 있어서도 그 색과 향은 조금도 다치지 않듯 한다는 것이다.

그래서 경전에서는 「이와 같이 재물을 더욱 풍요롭게 하

는데 마치 벌이 여러 가지의 맛을 끌어 모으듯 하고, 밤낮으로 재물을 늘리기를 마치 개미가 먹이를 쌓듯이 한다」라고 말한다. 묵조의 좌선에 있어서의 주도면밀함을 말한 것이다.

53.과 54.는 이처럼 묵조를 좌선에 집착하는 것으로 오해하는 것을 일소시켜 버리는 말이다. 왜냐하면 묵조좌선은 순수아를 자각하는 불행(佛行)의 좌(坐)이고, 불성의 광명속에 안좌(安坐)하는 명랑투철한 선이기 때문이다.

그래서 귀신굴과 같은 암흑일랑은 눈꼽만치도 없고 깨침에조차 집착하지 않고 깨침을 자각하는 묵과 조의 세계이므로 좌(坐)에 집착한다는 것은 꿈도 꿀 수 없는 경지이다. 좌(坐)하지만 좌(坐)를 잊고 불성을 자각하는 것이다.

마치 벌이 꽃에서 꿀을 따지만 꽃을 손상시키지 않는 것처럼 용의주도하고, 꿀만을 따면서 꽃의 향과 색깔에 사로잡히지 않는 주도면밀함을 말한다. 이것을 굉지는 「좌라는 형상에 갇혀 멈추어 있는 것이 아니다」고 말했다.

55. 묵조지득(默照至得) 그래서 묵조의 극치를 터득하면
56. 수아종가(輸我宗家) 우리의 본래고향에 도달한다.

묵조의 공부가 원숙하여 그 궁극처에 이르게 되면 실로 불조정전의 왕삼매에 주하는 주인공이 된다. 곧 묵조의 공

부는 지극의 곳에 이르러서야 비로소 맛볼 수 있는 것이다. 그리하여 위의 묵조지득의 경지를 터득하여 우리 종가에서 말하는 불조정전의 왕삼매요, 정종가(正宗家)의 주인이 되게끔 한다.

이것을 굉지의 말을 빌리자면 구원겁이 무너지고 금시(今時)의 찰나가 부서져야 비로소 삼세제불이 허공에다 철선(鐵船)을 띄우는 꼴이다. 이러한 경지가 되어야 묵이 이르고 조에 이르고, 묵을 초월하고 조를 초월한다. 이것을 곧 부처님의 요기와 조사의 기요[佛佛要機 祖祖機要]라 하였다.

57. 종가묵조(宗家黙照) 그 종가에 다다른 묵조는
58. 투정투저(透頂透底) 정상부터 바닥까지 다다른다.

종가의 묵조라는 말은 굉지가 득의만면(得意滿面)하게 천하를 삼켜버린 기개를 나타낸 말이다. 투정투저는 묵조삼매에 들어 있는 자기의 광명이 천지에 충만하다는 뜻이다.

이것은 종가의 가풍인 묵조의 속성을 말하고 있는 것으로서 이 종가묵조와 아래의 투정투저는 우리 묵조의 광명이 위로는 유정천(有頂天)으로부터 아래로는 나락가(那落伽)에 이르기까지 꿰뚫는 묵조의 밀용(密用)이 현성한 것을 표현하고 있다.

그 모습은 저 유정천의 가장 높은 꼭대기로부터 나락가의 가장 깊은 심연에 이르기까지 일체처에 두루하지 않음이 없는 묵조의 공능을 비유를 들어 표현한 모습이다.

『법화경』에서 「여래께서 이 경을 설해 마치고 결가부좌하여 무량의처삼매에 드셔 몸과 마음이 움직임이 없었다. … 그 때 부처님께서 미간백호상광을 내어 동방 만 팔천 세계를 비추어 주변에 두루하지 않음이 없었다. 아래로는 아비지옥에 이르기까지, 그리고 위로는 아가니타천에 이르기까지 이 세계에서 다 그 국토의 육취중생을 보았다」고 말한 경지를 말한다.

그리하여 이러한 묵조의 속성을 터득한 주인공의 경계는 아래의 비유에 나타난 것처럼 순야다신 곧 허공신과 같이 온 법계에 전체의 작용으로 두루하여 응용한다. 마치 세존의 미간에서 나온 백호광명이 팔만사천의 온갖 불국토를 비추는 무량의처삼매(無量義處三昧)의 광경과 같다.

59. 순야다신(舜若多身) 그 경지는 마치 허공신과 같고
60. 모다라비(母陀羅臂) 관세음의 팔과 같다.

순야다와 모다라는 모두 자유자재한 활동을 말한다. 여기에서 순야다의 몸과 아래의 모타라의 팔은 앞의 종가묵조와 투정투저의 비유를 말한 것이다. 곧 그 우리 종가의 묵조의 가풍의 경지는 순야다신[虛空身]과 같아서 법계에 두루하고,

모다라신의 팔과 같아서 온 몸이 그대로 손과 눈이요, 온 법계의 몸이 손과 눈으로 작용한다.

범어 순야다는 허공신이다. 허공으로 체를 삼고 몸이 없이 촉감으로 각(覺)하여 불광의 빛을 얻어 바야흐로 그 몸을 나툰다. 범어 모다라는 인(印)으로서 광명진언의 마하모다라는 대인(大印)으로 경전에서는 관세음에게 팔만 사천의 모다라의 팔과 눈 등이 있음을 비유로 말하고 있다.

이 원조삼매(圓照三昧)의 공덕이 법계에 두루 응현할 때의 경계를 말한다. 즉 머리[首]의 수는 하나인데 그 하나의 머리에서 팔만 사천의 머리가, 하나의 손[手]에서 팔만 사천 개의 손이, 두 어깨[臂]에서 팔만 사천의 모다라신의 팔이, 하나의 눈에서 팔만 사천의 청정보안이 각각 나타나서 자(慈)·비(悲)·정(定)·혜(慧) 등이 있어서 중생을 구제하는 데 자재하게 됨을 말하고 있다.

이 왕삼매에 안주하는 공덕이 두루 중생의 근기에 감(感)하여 응현하고 이익을 주는 것이 순야다와 모다라의 비유이다. 묵조좌선에 현성하는 모습은 추기(樞機)와 밀용(密用)의 온갖 작용으로 나타나는 것을 말하고 있다.

묵조삼매의 공덕이 중생의 근기에 따라 나타내면서 광대한 이익을 주는 공은(功恩)이 마치 허공과 같이 몸이 처처에 두루하는 순야다신과 몸이 다 손으로 이루어져 있는 모다라신의 자유자재함과 같음을 말한다.

61. 시종일규(始終一揆) 처음과 끝이 일여하지만
62. 변태만차(變態萬差) 그 변화의 모습은 천태만상이다.

  이것은 초발심부터 성정각에 이르기까지 다만 좌도량에 이르기까지 시(始)와 종(終)이 일규(一揆)하여 수증(修證)의 변제가 없는 묵조삼매의 한 길을 말한다. 그러나 그것이 천변만화의 진퇴를 하게 되면 곧 불작불행(佛作佛行)으로서의 의의를 지닌 활동이 된다. 이것을 「처음 마음을 낸 때가 곧 정각을 이루는 때이다」라고 설하고, 「일체중생은 다 염심(念心)·혜심(慧心)·발심(發心)·근정진심(勤精進心)·신심(信心)·정심(定心)을 지니고 있다. 이러한 법은 비록 염념 생멸하지만 그렇기 때문에 오히려 상속하여 끊어짐이 없다. 그러므로 수도라 한다」라고 하여 시(始)와 종(終)이 필경에는 다르지 않다고 설하고 있다. 이것이 바로 일규(一揆)의 마음이다. 규(揆)는 용(用)으로서 일규(一揆)란 두 번 다시는 없는 것을 말한다. 묵조의 추기(樞機)가 정안(正按)함을 말한 것이다.

  위의 시종일규와 같은 수증은 성숙한가 미성숙한가에 따라서 점점 내부와 외부의 변하는 모습에 차별이 생겨나기도 하는 것이다. 곧 한 알의 콩을 땅에 심어 싹이 움트면 어제의 모습과 오늘의 모습에는 조금씩의 차이가 보인다. 그러나 콩의 성품에는 변함이 없다. 그러나 근소한 하루하루의 차이가 곧 만차로 드러난다. 이것은 수와 증이 일여하지만 그 본증(本證)의 자각(自覺)에 따라 천차만별하는 것을 말한다.

비록 초발심시변성정각(初發心時便成正覺)이라고 말들을 하지만 그것 또한 주(住)·행(行)·향(向)·지(地)를 부정하지 않는다. 이것은 소위 일념이 곧 만년이고 시방이 목전에 펼쳐져 있다는 것을 말한다. 경전에서는 「사유와 상하의 허공은 헤아릴 수 있지만 불공덕은 다 설할 수 없다」고 말했다.

63. 화씨헌박(和氏獻璞) 묵 가운데 조는 화씨가 구슬을 바치는 것과 같고
64. 상여지하(相如指瑕) 조 가운데 묵은 인상여가 흠집을 지적하는 것과 같다.

오직 자신만이 분명히 알고 있을 뿐 다른 사람은 엿볼 수가 없다. 묵 가운데 조가 감추어져 있어서 자기만 알 뿐 타인은 모른다. 조 가운데 묵을 머금고 있어서 타인만 알 뿐 자기는 모른다. 그리하여 은(隱)과 현(顯)이 일여하고, 명과 암이 자재하다. 이것이 곧 중연(衆緣)에 명응(冥應)하여 제유(諸有)에 떨어지지 않는 것이다. 바로 그 뜻이 난해하기 때문에 이 비유를 든 것이다.

『한비자』에 다음과 같은 이야기가 있다.

변화(卞和)라는 사람이 형산의 곤강의 계곡에서 옥돌을

하나 주웠다. 그것을 초나라 여왕에게 바쳤다. 그러나 왕은 그것을 돌이라 하여 벌로 변화의 한쪽 다리를 잘랐다. 다음에 무왕이 즉위하자 변화는 그 구슬을 무왕에게 바쳤다. 그러나 무왕도 그것을 돌이라 하여 변화의 다른 한쪽 다리마저 잘랐다. 후에 문왕이 즉위하자 변화는 그 옥돌을 품에 안고 형산의 아래에서 슬피 울었다. 문왕이 그 연유를 묻자 변화가 말했다. "내 다리가 잘린 것은 원망하지 않으나 진짜 옥을 평범한 구슬로 알고, 저의 충심을 몰라주는 것이 서글픕니다" 이에 문왕이 옥돌을 다듬자 참으로 훌륭한 진짜 옥이 나타났다. 그러자 문왕이 탄식하여 말했다. "슬프도다. 두 선왕께서는 사람의 다리는 쉽게 잘랐지만 옥돌을 다듬어 그것이 진짜 옥인 줄은 몰랐구나" 그리고 문왕은 그 옥을 국보로 삼았다.

화씨헌박이라는 말은 이 고사를 말한 것이다. 이것은 곧 화씨의 구슬이 제 가치를 인정받은 것으로서 묵[구슬]가운데의 조[가치]를 비유로 나타낸 것이다.

그리고 상여지하라는 말은 『사기』「열전」에 나오는 이야기이다.

조(趙)나라 왕이 변화의 구슬을 얻자 진(秦)나라 王이 그 사실을 듣고 글을 보내서 15개의 성과 그 구슬을 바꾸자고 하였다. 조왕이 신하들과 함께 모여 그 문제를 협의하였다. 협의한 끝에 '구슬을 보내더라도 진왕이 성을 내주지 않을 것이다. 이것은 속임수이다. 그러나 구슬을 보내지 않으면 그것을 빌미로 군대를 보내 조나라에 쳐들어올 것이다'라는 결론을 내렸다. 그리고는 궁리 끝에 인상여라는 사람에게 구슬을 주어 사신으로 파견하였다.

진왕이 좌대에서 인상여가 가지고 온 구슬을 보고 크게 기뻐하였다. 그리고 여러 사람들에게 보이니 모두가 진왕을 위해 만세를 불렀다. 인상여는 진왕이 성을 내줄 것 같지 않는 것을 눈치채고는 속임수로 말했다. "구슬에 흠집이 있으니 청컨대 지적하게 해 주십시오" 이에 진왕이 인상에게 구슬을 건넸다. 인상여는 구슬을 꼭 껴안고 뒤로 물러나 기둥에 착 달라붙어 크게 분노하면서 진왕에게 말했다. "대왕께서는 저로 하여금 죽음을 재촉케 하십니다. 이제 저는 이 구슬과 함께 벽에 부딪쳐 가루가 함께 되겠습니다" 그러자 진왕이 구슬을 그대로 되돌려 주자 인상여는 구슬을 안고 조나라로 돌아왔다.

상여지하는 바로 이 고사에서 나온 이야기이다. 이것은 조 가운데의 묵을 비유한 것이다. 곧 위의 화씨헌박과 상여지하는 좌선에 있어서 묵조일여(默照一如)의 완전(宛轉)을 나타낸 말이다.

이 화씨헌박은 묵 가운데의 조이고, 아래의 상여지하는 조 가운데의 묵을 표현한 것이다. 박(璞)은 아직 다듬지 않은 옥돌이다. 표면상으로는 돌멩이와 다름이 없지만 안으로는 빛을 머금고 있다. 하(瑕)는 인상여가 구슬에 흠집이 있다고 지적했는데 그것은 진왕을 속이기 위한 술책이었다.

63.은 묵 가운데의 조를 비유한 것이고, 64.는 조 가운데의 묵을 비유한 것이다. 곧 묵조선의 왕삼매에 천변만화하는 묘용이 있는 것은 곧 묵 가운데 조가 있고, 조 가운데 묵이 있다는 것을 말한 것이다. 묵 가운데의 조는 변화가 바친 구슬[璞]과 같고 조 가운데의 묵은 인상여가 지적한 흠집[瑕]과 같다. 곧 이것은 정과 편이 서로 교참하고 묵과 조가 서로 열린 관계[回互]로서 대법(大法)의 강요(綱要)이고 대낮에 해를 보는 것과 같다.

65. 당기유준(當機有準) 근기에 따라 기준을 달리 두고 있지만
66. 대용불근(大用不勤) 대용은 움직임이 없다.

따라서 묵조수행자의 행주좌와에는 일정한 기준이 있어서 막행막식하는 법이 없어 결코 탈선이란 있을 수 없다. 그리고 묵조수행자의 일진일퇴는 마치 요순의 통치와 같이 일부러 애쓰지 않아도 저절로 다스려지는 모습이다. 마땅히 수행의 기관(機關)에는 추기(樞機)가 있어야 한다.

묵조수행의 사위의(四威儀)에 있어서 조금도 잘못되거나 편벽되지 않아야 함을 말한 것이다. 준(準)은 평(平)이고 균

(均)의 의미다. 즉 눈꼽 만큼의 틀림도 없는 마음을 가리킨다.

대용은 인위적인 조작으로 되는 것이 아니다. 대용은 천하를 다스리는 사람이 인정(仁政)을 베풀고 만인을 안락하게 하는 것이다. 따라서 대용을 행하는 데 있어서 굳이 근(勤[작용])하지 않아도 척척 잘 진행되어가는 모습이다. 묵조좌선의 본증성을 말한 것이다.

아래의 환중천자와 새외장군은 이것을 비유로 나타낸 것이다. 이처럼 묵조수행에는 조작적이거나 계획적인 노력이 없고 일거수일투족이 모두 자연스럽게 법이연(法爾然)하다.

67. 환중천자(寰中天子) 그 근엄함은 하늘아래 천자와 같고
68. 새외장군(塞外將軍) 그 늠름함은 변방의 장군과 같다.

그리하여 묵과 조는 비유하자면 환중에 있으면서 명령을 내리는 천자와 같이 위엄이 있고, 변방에 있으면서 병사를 호령하는 기품이 넘치는 장군과 같다. 그래서 환중과 새외처럼 다스리는 구역이 다른 것은 마치 육근의 마군을 막고 분별망상의 도적을 심중에 들어오지 못하게 퇴치하는 것과 같다.

그리하여 자기라는 천자를 태평무사하게 한다. 위의 대용불근의 모습은 마치 천자와 같이 위엄이 있다. 천하를 아홉으로 나누어 그것을 구주라고 하는데 그 한가운데가 천자의

영소(領所)로서 이것을 환중(寰中)이라고 한다.

그리하여 대용불근의 모습은 또한 변방을 지키는 장수처럼 위풍당당하다. 환중은 천자의 정화(政化)이고 그 밖의 여덟 지역을 새외(塞外)라 하여 장군이 천자의 명령을 받아 다스리면서 무위(武威)를 펴는 것이다.

묵이 육진의 산란에 침해받지 않는 것은 마치 장군의 위엄처럼 든든하고, 조가 육식에 떨어지지 않는 비사량은 마치 천자의 정화(政化)처럼 고요하다. 환중(寰中)은 환내(寰內)로서 천자의 기내(畿內)를 의미하고, 새외(塞外)는 격(隔)으로서 다른 나라와 격색(隔塞)되어 있다는 의미이다.『한서』에는 다음과 같은 이야기가 있다.

문제(文帝)가 주아부(周亞父)를 장군으로 임명하였다. 장군은 가는 버들가지로 군영을 만들어 오랑캐의 침입을 대비하였다. 문제가 가는 버들가지의 군영에 이르러 보니 군사들이 가는 버들가지에 갑(甲)을 씌우고 그 속에 활과 창을 가득 채워 넣었다. 천자의 선봉대가 먼저 그 앞에 이르렀으나 그곳에는 들여보내지 않았다. 선봉대가 말했다. '천자께서 오셨느니라.' 그러자 군문도위(軍門都尉)가 말했다. '여기에서 장군의 영을 따랐을 뿐입니다. 따로 천자의 조칙은 들은 적이 없습니다. 상부에 보고하겠습니다.' 그런 후에도 들여보내지 않았다. 이에 천자가 사자를 시켜 조칙으로 장군을 찾아 전해 말했다. '짐이 장군을 번거롭게 했구료.' 주아부 장군이 그 말을 전해듣고 군영의 문을 열자 비로소 천자가 군영에 들어가 말했다. '주아부 장군이야말로 진정한 장군이로다.'

바로 이 이야기를 가지고 묵과 조가 융통하여 바야흐로 일대사인연에 걸맞는 도리를 말한 것이다. 그래서 이것은 군신의 합도이고 정편의 열린 관계[回互]이다. 여기에서 묵은 천자와 같고 조는 장군과 같아서 천자가 대법(大法)을 시설하니 장군이 일체를 눈껍만치의 차질도 없이 이루어내는 것을 말한다.

69. 오가저사(吾家底事) 그러므로 우리의 묵조가풍은
70. 중규중구(中規中矩) 중도의 규와 구에 들어맞는다.

이로부터 이하는 『묵조명』의 결어이다. 묵조의 종가는 위에서 말한 종가묵조의 종가와 같은 의미이다.
저사는 목전의 당사(當事)를 가리킨다. 그래서 묵조의 가풍이 주도면밀함은 곧 아래의 중규중구이다. 규(規)는 원융문(圓融門)이고 구(矩)는 항포문(行布門)이다. 묵조의 가풍은 묵으로서는 구(矩)에 치우치지 아니하고 조로서는 규(規)에 어긋나지 않는 것을 중(中)이라 한다.

규(規)와 구(矩는) 묵과 조이고, 정과 편이며, 공과 덕이요, 진여와 수연이다. 이것이야말로 묵조의 좌선이 바로 중도에 입각한 구원의 본증임을 설파한 말이다. 일체의 양단을 떠나 있어서 묵의 추기(樞機)에만 떨어지지 않고, 조의 방참(傍參)으로만 현성하지도 않는 완전(宛轉)을 종통(宗通)과 설통(說通)의 겸대이다. 따라서 『묵조명』 전체에 대한 총결이다.

이미 이상에서 누누이 서술한 바와 같이 우리 묵조가풍의 일상은 이미 일거일동이 모두 규와 구에 적중하고 불심에 일여하며 보리에 합치해 있다. 이것은 모든 부처님들의 가르침과 모든 조사들의 아름다운 모범이 면면밀밀하여 불안으로도 엿보기 어려운 것을 말한 것이다.

71. 전거제방(傳去諸方) 제방에 전해져서도
72. 불요잠거(不要賺擧) 남을 속이는 일이 없다.

이 구절이야말로 대혜의 묵조선의 의의를 제대로 표현한 것이다. 우리 종가의 가풍이 천하에 널리 제대로 전해져서 묵조가 잘못 이해됨이 없게 하라는 부촉의 말이다.

전거제방과 불요잠거의 두 구는 묵조의 가풍이 묵조를 비판하는 어리석은 선자들에게까지 제대로 이해되기를 바라는 것이다.

따라서 묵조선은 직접 자신이 몸을 통해서 앉아보아야 할 것을 격려하고 있다. 그래서 그 내용을 알지도 못하여 묵조의 가치를 모르는 야호선자(野狐禪者)는 후에 대혜측에서 주장한 것처럼 묵조선을 사선(邪禪)이라 비판할 염려가 있다. 묵조의 가풍이 곧 제방으로 전해져서 납자들을 속이지 않도록 경계한 말이다.

묵조의 이러한 의미를 임제의 법손인 대혜종고가 묵조의 입장에서 파악하고 있었더라면 굉지정각과 동시대에 살면서 묵조사선(黙照邪禪)이라는 비난의 말은 보다 구체적인 대상과 내용을 설정했을 것이다. 우리 묵조선의 가풍은 상술한 바와 같이 불법극묘의 법문으로서 결코 천하의 사람들을 속이면서 악선전하는 것이 아니다.

한 마리의 개가 허공을 향해 짖어대면 온갖 개들이 진실도 모르고 부화뇌동하여 허공을 향해 짖어댄다. 곧 천하에 이보다 위험천만한 것은 없다고 개탄하는 내용이다. 굉지정각은 묵조사선이라는 일부 사람들의 비난에 구애되지 아니하고 오로지 화목한 얼굴로 법을 설했다. 그리하여 타산지석의 교훈으로 오히려 묵조의 선양에 이바지한 것이다.

2) 『묵조명』의 의의

『묵조명』의 이와 같은 내용은 묵조선의 근본교의를 구성하고 있다. 앞서 『묵조명』의 구조를 살펴보는데 있어서 대략적으로 묵조의 고유한 묘용을 작용으로, 묵조의 본증성을 정체(正體)로, 묵조의 진리가 드러나 있는 것을 현성(現成)으로 하여 세 가지로 구분하였다. 이 가운데 작용은 묵조선의 지관타좌(只管打坐)이고, 정체는 묵조선의 본증자각(本證自覺)이며, 현성은 현성공안(現成公案)을 가리킨다. 이와 같이 묵조선의 의의는 이미 『묵조명』 가운데 그 의미가 함유되어 있다.

지관타좌는 묵조선의 좌선지상주의를 가장 잘 나타낸 말이다. 묵조의 작용이 지관타좌로 드러나 있는 것은 몸의 앉음새만이 아니라 마음의 작용에 이른다. 때문에 『묵조명』에서 「좌선하는 사람은 영겁에 空하고 만물도 서로 和하여 모두 空이 된다」고 말했다.

그래서 지관타좌의 좌선이 깨침의 형태라면 깨침은 좌선의 내용이다. 더 이상 좌선과 깨침이 다른 것이 아니다. 지관타좌는 '오직 앉아 있을 뿐'이라는 정도의 뜻으로 좌선지상주의이기도 하다. 앉아 있는 것이 깨침 그 자체이기 때문에 앉아 있다는 사실이 다름아닌 온전히 깨침의 입장으로서의 좌선이다. 그냥 몸으로만 앉아 있는 것이 아니다. 깨침의 내용이 몸의 좌선으로 드러나 있는 것이다. 그래서 좌선은 수행이면서 동시에 깨침이다. 바로 이 좌선의 형식이 가부좌라는 모습으로 나타난다.

그리하여 가부좌의 첫째 의의는 앉음새의 형식에 있다. 형식을 떠나서는 좌선이란 있을 수 없다. 형식을 떠난 좌선이란 단순한 형이상학의 철리에 불과하다. 앉아 있는 모습 그대로가 좌선이고 좌선 그대로가 깨침의 현성으로 간주된다. 좌선의 형식에 대해서 여러 가지 좌선의(坐禪儀)에서 누누이 강조하고 있는 것은 비단 초심자에만 한정되는 것은 아니다.

다음 가부좌의 둘째 의의는 관조(觀照)하는 것이다. 단순히 앉아서 묵묵히 있는 것이 아니다. 묵묵히 앉아 있되 이 묵좌(默坐)는 삼천대천세계에 두루 미치는 묵좌이다. 곧 조가 수반되는 묵이다. 그래서 『묵조명』에서는 묵과 조의 관계를 제대로 살펴야 한다고 말한다.

가부좌의 셋째 의의는 묵조가 완전(宛轉)의 작용으로 현성된 모습이다. 완전은 저것[彼]과 이것[此]이 화합하여 열린 관계[回互]로 작용하기도 하고 제각각 닫힌 관계[不回互] 작용하기도 하는 자유자재의 경지로서 저것[彼]은 이것[彼]이면서 동시에 이것[此]이고, 이것[此]은 이것[此]이면서 동시에 저것[彼]이 되는 도리를 말한다.

다음 가부좌의 넷째 의의는 수행과 더불어 깨침의 의의를 함께 나타내준다. 가부좌의 의의는 묵조의 속성으로 나타난다. 곧 묵조의 가풍은 목전의 당사를 중시하기 때문에 주도면밀을 그 특징으로 삼는다. 일상 행위 하나 하나가 소홀함이 없다. 일거수 일투족이 대단히 용의주도하게 이루어지기 때문에 규구(規矩)를 벗어나지 않는다[中規中矩]. 이 중 규중구에서 묵으로서는 구(矩)에 치우치지 아니하고 조로서는 규(規)에 어긋나지 않는 것을 중(中)이라 한다. 규와 구는 각각 묵과 조이고, 정과 편이며, 공과 덕이요, 진여와 수연이다.

다음의 묵조의 정체는 곧 본증자각을 의미하는 내용으로 전개되어 있다. 이것이야말로 앞서 언급한 가부좌를 통한 묵조의 좌선이 바로 중도에 입각한 구원의 본증임을 설파하고 있다.

일체의 양단을 떠나 있어서 묵의 근본에만 떨어지지도 않고, 조의 작용으로만 현성하지도 않는 종통(宗通)과 설통(舌通)의 완전이다. 이것은 가부좌가 지니고 있는 깨침의 속성이 일상성과 함께 지속성임을 말한다.

그래서 『묵조명』에서는 「좌선이야말로 언어표현의 극치이며, 깨침이 비추어낸 세계야말로 널리 통한다」고 말하고 있다. 가부좌 자체는 곧 깨침의 현성이기 때문에 묵조선을 깨침 가운데서 이루어지는 수행이라는 뜻으로 증상의 수행이라 말하는 까닭이 바로 여기에 있다.

또한 가부좌의 모습은 깨침의 연속성이기 때문에 그 속에서 행하는 좌선수행이 비로소 의미를 지니는 것이다. 따라서 가부좌는 그대로 깨침의 현현으로서 나타난 몸의 구조이고 마음의 구조이다. 이러한 가부좌야말로 묵조가 나타내는 일상성이고 본증성이다.

그래서 묵조의 정체는 작용을 통하여 여기에서 비로소 현성되는 것이다. 굳이 깨침을 얻으려고 목적하지 않아도 저절로 수행의 필연성이 구현되어 온다. 그래서 올바른 수행은 올바른 가부좌이고, 올바른 가부좌는 올바른 수행이며, 올바른 좌선은 올바른 깨침이다.

곧 『묵조명』에서는 「묵조일여의 세계에 이르러야만 비로소 우리 종가에 도착하는 것이다.

우리 종가의 묵조일여의 세계야말로 위로는 유정천으로부터 아래로는 아비지옥에 이르기까지 통한다. 그 모습은 어디에나 자유로이 다다를 수 있는 허공신의 몸과 같고 모든 것을 거머쥐는 모다라의 손과 같다」고 말한다.

좌선 그대로가 깨침의 작용이므로 일시좌선(一時坐禪)은 일시불(一時佛)로 사는 것이고 일일좌선(一日坐禪)은 일일불(一日佛)로 사는 것이다. 곧 좌선이 곧 불[坐禪卽佛]이요 불이 곧 좌선[佛卽坐禪]이다. 이것이 묵조의 작용과 정체와 현성이 지니고 있는 본래 의의이다. 이처럼 『묵조명』은 굉지의 묵조선의 기본적인 틀을 제공해주고 있다.

3. 묵조선의 수행

1) 진리의 현성[現成公案]

모든 행위에는 반드시 그 결과가 남는다. 바둑을 두고나면 기보(棋譜)가 남고, 목욕탕에서 나오면 물 발자국이 남으며, 꽃이 떨어지고 나면 열매가 맺히고, 밥을 먹고 나면 주린 배가 충족된다. 또한 오이를 심으면 오이가 열리고 팥을 심으면 팥이 열린다. 만법의 이치이다. 그런데 이와 같은 현상적이고 인과론적인 방법만이 그 결과로 남는 것은 아니다. 자신이 무의식적으로 한 행위라든가 어쩔 수 없는 불가항력적인 경우에도 자신의 의지와는 관계없이 흔적이 남는다.

이것을 모르는 사람은 없다. 그러나 정확하게 아는 사람도 드물다. 그것은 바로 자신이 알고 모르는 것과는 상관없이 하나의 실증일 뿐이다. 그 실증이 그대로 노출되어 있는 것이 현성이다. 그렇지만 노출되어 있다는 것은 이미 감추어져 있지 않고 드러나 있다는 것을 알아차린 경우가 되어 있다. 그 알아차리는 것이 자각이다. 그래서 자각이란 이미 노출된 그대로 애초부터 그렇게 갖추어져 있는 것이 전제되어 있다. 단지 그것을 자기의 것으로 알아차려 수용하는 것이다. 이것이 자각의 행위이다.

그런데 자각이란 저절로 되는 것이 아니다. 저절로 되는 것은 자각(自覺)이 아니라 타각(他覺)이다. 그래서 그 어떤 힘에 의하여 이루어지는 것이 아니라 애초에 완성되어 있는 진리에다 자신의 의지가 가미되는 행위, 곧 자각(自覺)은 자신의 자(自)와 진리의 각(覺)이 동시간과 동공간에 구현되는 행태이다. 그것을 진리가 구현되어 있다는 의미에서 현성공안(現成公案)이라 한다. 이 현성공안은 공안 곧 진리가 나타나는 것인데, 바꾸어 말하면 자신이 진리로 나타나는 것이다. 그래서 자신이 애초부터 진리로 하나가 되어 있는 경우를 말한다.

달리 진리가 자신으로 나타나는 것이다. 이것은 반드시 그와 같은 행위를 인식하는 행위 곧 자각과 함께 그렇게끔 등장하는 공안 곧 진리가 준비되어 있어야 한다. 그래서 이것을 본증(本證)과 자각(自覺)이라는 의미에서 본증자각(本證自覺)이라 한다. 따라서 현성공안의 이면에는 항상 본증자각이 개재되어 있다.

이와 같은 현성공안의 도리를 현성공안이게끔 만들어가는 행위가 좌선이라는 신체행위이고, 그것을 자기의 것으로 만들어가는 것이 자각이라는 인식행위이며, 공안이 공안이라는 집착을 벗어나 탈락된 공안으로 되돌아오는 탈체현성(脫體現成)의 경험이다. 이와 같이 신체와 자각과 경험이라는 세 가지 행위의 종합이 지금 당장 그 자리에서 일어나고 그것을 알아차리는 행위가 현성공안의 원리이다.

바로 이 현성공안의 원리를 달리 좌선체험 내지 자각체험이라 한다. 그래서 진리의 보편성처럼 좌선체험과 자각체험은 언제라도 어디서라도 어떻게라도 준비되어 있고 또한 준비된대로 작용하고 있다. 현성공안의 체험이란 그것을 무엇(WHAT)·왜(WHY)·어떻게(HOW)라는 세 가지 입장에서 규명해 나아가는 것이다.

무엇(WHAT)이라는 입장은 공안이 무엇인가, 깨침이 무엇인가, 12연기란 무엇인가 등등처럼 그 본질을 파악하는 행위이다. 이미 몸의 가부좌와 호흡이 준비되어 있는 바탕에서 공안(진리)의 본질을 구조적으로 실증해 나아가는 것이다. 반드시 무엇이라는 행위가 규명되지 않고는 공허한 관념의 철학이고 자의적으로 만들어낸 형이상학에 지나지 않는다. 그 무엇이라는 것이 공안이라는 대상에 대한 자기규명이자 동시에 자신에 대한 공안인 본참공안(本參公案)이다.

중국 당나라 때 운암담성이라는 선승이 있었다. 어느 날 차 한잔을 마시려고 물을 데워 막 차를 우려내고 있는 참이었다. 그때 마침 그 스승이었던 도오원지라는 스님이 들어와서 운암에게 물었다.

'여기에 손님이라곤 하나도 없는데 그대는 누구에게 주려고 차를 내고 있는가.'

운암이 말했다.

'꼭 마시고 싶어하는 사람이 있어서 그 사람에게 드리려고 그럽니다.'

도오가 물었다.

'마시고 싶다는 그 사람은 손이 없다더냐. 자신이 직접 차를 내면 될 터인데 하필 왜 그대에게 차 심부름을 시킨단 말이냐.'

운암이 말했다.

'그 사람이 여기에 있는데 그게 바로 저이거든요.'

곧 철저하게 자신을 객관화시켜 나아가면서 객관화된 자신을 공안이라는 객관과 다름이 아닌 것으로 만들어 나아간다. 그래서 공안이 곧 객관화된 자신임을 확인하는 것이 무엇(WHAT)이라는 입장이다. 그래서 왜(WHY)라는 것은 반드시 무엇(WHAT)이 규명된 바탕에서 그 존재양태를 따지는 것이다. 무엇(WHAT)이 본질의 규명이라면 왜(WHY)라는 것은 일종의 존재목적에 대한 추구이다.

그리고 왜(WHY)에는 그 방향성이 설정되어 있다. 여기에서 방향성이란 다름아닌 깨친 자기의 완성이다. 자아의 실현이다. 방향성을 설정하는 데에는 무엇(WHAT)이라는 것의 본질적인 규명이 필요했듯이 어디까지라는 자신에 대한 철저한 인식과 그에 따른 억제 내지 절제가 필요하다. 어느 쪽을 향하는 방향과 마찬가지로 얼만큼이라는 제한의 설정이 없어서는 안된다. 제한의 설정이 없으면 좌선의 주제가 상실되어 버린다.

묵조선의 수행방식이 아무 대상이나 아무런 방식이나 다 통용되는 것이 아닌 이유가 여기에 있다. 왜냐하면 공안에 대한 명확한 본질인 무엇에 대한 구명이 이루어지면 당연히 그것은 그 본질에 대한 존재이유와 어디까지라는 존재양상이 나타나기 때문이다. 무엇이라는 의문방식에 바탕한 왜이기 때문에 분명한 목표가 설정되는 것이다. 터득된 진리에 대하여 그 진리의 존재방식이 왜 그렇게 되었는지를 살피는 것이다.

가령 12연기의 구조와 본질을 파악한 위에서 왜 12연기가 존재하야 하는가의 그 필연성을 설정하는 것이다. 무엇(WHAT)이 진리에 대한 본질의 인식이라면 왜(WHY)라는 것이야말로 자신과 타인 모든 진리에 대한 행위의 인식이다. 그래서 이미 규명된 무엇에 대한 왜라는 물음행위는 단순한 물음이 아니다. 이미 답변을 알고서 그것을 제한하는 설정은 현명하게도 공안에서 이루어지는 행위방식이다.

한 승이 동산양개에게 물었다.
'스님께서는 이미 깨친 분이시기 때문에 묻습니다. 추울 때와 더울 때는 어찌해야 합니까. 가르쳐 주십시오.'
동산이 말했다.
'그래, 추울 때는 따뜻한 곳으로 가고 더울 때는 시원한 곳으로 가면 되느니라.'

승이 물었다.

'스님께서 말씀하신 그런 곳이 도대체 어디에 있습니까. 저도 정말로 그런 곳에 가보고 싶습니다.'

동산이 말했다.

'추울 때는 자신을 철저하게 춥게 하여 추위와 정면으로 마주치고, 더울 때는 자신을 철저하게 덥게 하여 더위와 정면으로 마주치는 것이다. 어디로 회피하려고 해서는 더욱 춥고 더울 뿐이다. 그러므로 순경과 역경을 따져서는 안된다. 일단 목표가 설정이 되었으면 추위와 더위를 구분해서는 안된다.'

자신이 설정한 진리의 방향 내지 필연성을 감지하였으면 그 곳을 향하여 이제는 온 자신을 그것에 내맡겨버리는 것이다. 그것이 곧 어떻게(HOW)라는 입장이다. 어떻게라는 것은 공안의 활용이다. 공안의 활용은 자신의 활용이다. 이미 깨쳐 있는 자신을 진정으로 자신이게끔 드러내는 것이다.

그것은 이를테면 12연기를 12연기의 규명이라는 구조속에 묻어두는 것이 아니라 연기의 도리를 실천하는 것이다. 연기의 실천은 순리를 따르는 것이다. 인간은 인간으로서의 도리를 따르면서 동시에 그 도리를 이끌어 나아가는 것이다. 진리의 실천이다. 진리의 실천이란 현성공안의 완성이다. 하나에 얽매여 고정시키지 않고 그것을 자유자재로 활용하는 것이다.

임제의현이 달마의 탑을 참하기 위하여 달마의 탑에 이르렀다. 임제는 그곳에 도착하여 참배할 뜻이 있는지 없는지 주위를 두리번거렸다. 이에 그 곳을 지키고 있던 탑주스님이 임제에게 물었다.

'스님께서는 무얼 망설이는 겁니까. 어느 것이 누구의 탑인지 몰라서 그런 겁니까. 그것이 아니라면 부처님께 먼저 참배하시겠습니까, 아니면 달마조사에게 먼저 참배하시겠습니까.'

임제가 말했다.

'다른 소리 마시오. 나는 부처님께도 달마조사에게도 모두 참배할 마음이 없습니다.'

그러자 탑주가 물었다.

'참, 스님도 무던하시지. 부처님과 달마조사에게 무슨 억하심정이라도 있어서 그런 겁니까.'

그러자 임제는 콧방귀라도 뀌듯이 장삼자락을 휘날리고는 그곳을 떠나 버렸다.

여기에서 임제는 하나의 대상에 대한 고정관념을 쳐부순 것이다. 어느 것이 먼저이고 나중이라는 관념에서 벗어나 이미 참배하러 그곳을 방문한 자체가 예를 드린 것이었다. 굳이 허리를 숙여 예를 표하지 않더라도 썩 훌륭한 참배를 보여준 것이다. 현성공안의 의의는 실로 이와 같은 그 활용에 담겨 있다.

가부좌를 통한 본증자각이 현성공안의 활용에서 그 진가를 발휘한다. 그 활용이란 행주좌와(行住坐臥)·견문각지(見聞覺知)·어묵동정(語動靜)·일거수일투족(一擧手一投足)의 모든 행위에서 일어난다. 보고 듣는 자신이 보이고 들리는 대상을 의식할 때 더 이상 자신과 대상이라는 구별은 사라지고 만다.

거기에는 그것을 의식하고 있는 현재의 자신속에 대상이 들어와 있다. 빗소리를 들으면 나는 벌써 그 빗소리속에 들어가 있다. 그것도 온통 전체를 기울여 빗소리에 침잠해 있다. 그 순간 나라는 자신도 잊어버렸지만 빗소리도 빗소리를 잊어버린다. 그리고 비와 소리도 구별을 떠나버린다.

이처럼 현성공안은 현성된 공안이면서 현성 자체가 곧 공안이 되어 있다. 그 즈음에 자신이 공안으로 현성된다. 그래서 자신이 현성되면 그 현성은 곧 공안이며 그 공안은 곧 나 자신이 되어 분별이 없는 하나로서 곧 전체가 된다. 이것을 공안체험이라 한다.

곧 무엇(WHAT)·왜(WHY)·어떻게(HOW)라는 삼구형식이 각각 본질의 구조에 대한 규명과 존재의 방향성에 대한 설정과 자신을 공안에 통째로 들이미는 공안의 활용으로 현성되는 것이야말로 묵조선 수행의 실천으로서 그 완성이다. 삼구형식에 대한 이와 같은 공안체험은 묵조선 수행의 활용은 이와 같은 공안의 체험을 통하여 이루어진다.

2) 가부좌의 수행 [只管打坐]

묵조선 수행의 근본은 애당초 깨침이 완성되어 있다고 보는 본증(本證)을 자각(自覺)하는데 있다. 본증은 선천적으로 이미 모든 것이 완성되어 있다는 의미이다. 깨침마저도 벌써 완성되어 있어 후천적으로 수행을 통해서 미혹으로부터 깨침을 얻는다는 것과는 같지가 않다.

그렇다고 하여 숙명론이나 기계론과 같이 우리의 자유의지가 무가치하다는 것은 아니다. 왜냐하면 본증의 의미로서 이미 완성되어 있다는 것은 그와 같은 가능성이 내포되어 있을 뿐만 아니라 그 가능성이 항상 누구에게나 열려 있다는 의미이기 때문이다.

그래서 흔히 생각하듯이 어떤 수행을 통해서 미혹한 자신이 이전에는 없었던 깨침을 새로 얻어간다는 의미가 아니라는 것이다. 전혀 없었던 것이 수행을 통해서 새로이 생긴다는 것은 더욱 어불성설이다. 아무리 수행을 통해서 깨침을 얻는다 해도 궁극적으로는 자신의 내면에 깃들어 있는 깨침의 요소 곧 본래부터 완성되어 있는 불성이 인연을 만나 꽃이 피듯이 발양되는 것이다.

실로 아니 땐 굴뚝에는 연기가 나지 않듯이 무인연으로 존재하는 것은 없다는 것이 불교의 상식이다. 상식을 무시하고는 어떤 것도 성립할 수가 없다. 아는 사람에게는 상식일 수 있어도 그것을 모르는 사람에게는 고차원적인 지식으로 간주될지도 모른다. 그러나 상식에서 벗어나는 것은 불교가 아니고 선도 아니다. 단지 모르고 있을 뿐이지 애초부터 우리 곁에 늘상 있어 왔다. 곧 본증이란 그와 같이 이미 완성되어 있는 것을 의미하는 것이다. 곧 그것을 자기 것으로 만들어 가는 것이 자각이다.

자각이란 불성으로 굳이 나누어 말하면 행불성(行佛性)이다. 이불성(理佛性)이 흔히 말하는 일체중생실유불성의 의미라면 행불성은 그 불성이 직접 당사자에 의해서 체험되고 실현되는 것이다. 이것이 본증자각이다.

그래서 본증자각은 제아무리 지식을 통해서 이해를 한다 해도 저절로 터득되는 것은 아니다. 몸소 느껴야 한다. 그 방법이 다름아닌 좌선이라는 행위이다. 그래서 좌선은 수행의 전부이다. 이 때의 좌선은 더 이상 수행만을 의미하는 것이 아니다. 좌선 그 자체가 깨침을 드러내는 행위이기 때문에 여기에서의 좌선은 곧 깨침이다. 깨침으로서의 좌선이다.

그래서 좌선이 깨침의 형태라면 깨침은 좌선의 내용이다. 더 이상 좌선과 깨침이 다른 것이 아니다. 이것을 지관타좌라 한다. '오직 앉아 있을 뿐'이라는 뜻이다. 앉아 있는 것이 깨침 그 자체이기 때문에 앉아 있다는 사실이 다름아닌 그대로가 깨침[全是覺]으로서의 좌선이다. 그냥 몸으로만 앉아 있는 것이 아니다. 깨침의 내용이 몸의 좌선으로 드러나 있는 것이다.

그래서 좌선은 수행이면서 동시에 깨침이다. 바로 이 좌선의 형식은 가부좌라는 모습으로 나타난다. 여기에서는 가부좌라 해도 두 다리를 겹쳐 앉는 몸의 형식으로서의 앉음새만이 아니라 안으로 마음의 형식에 이르는 가부좌이다. 따라서 여기에서는 우선 본증자각의 근거가 되는 가부좌이다.

가부좌의 첫째 의의는 앉음새의 형식에 있다. 형식을 떠나서는 좌선이란 있을 수 없다. 형식을 떠난 좌선이란 단순한 형이상학의 철리에 불과하다. 그래서 묵조선에서의 좌선을 달리 앞서 말한 지관타좌라고도 한다. 앉아 있는 모습 그대로가 좌선이고 좌선 그대로가 깨침의 현성으로 간주된다.

좌선의 형식에 대해서 여러 좌선의(坐禪儀)에서 누누이 강조하고 있는 것은 비단 초심자에만 한정되는 것은 아니다. 숙련된 자의 경우야말로 그 숙련의 경지가 올곧게 좌선이라는 형식으로 통해 드러나기 때문이다. 그래서 불법은 다름아닌 우리가 행하는 행동거지 그대로의 모습으로서 불법즉위의(佛法卽威儀)를 말한다.

이 좌선의 가부좌라는 형식은 좌선의 실천을 상징하면서 동시에 실천 자체이기 때문이다. 그래서 몸으로 직접 앉지 않고 깨침을 얻는다든가 좌선을 한다고 말하는 것은 설령 삼세제불이 와서 설법한다 해도 혀끝의 희롱에 지나지 않는다. 왜냐하면 실천을 무시하고는 어떤 선종도 존재할 수가 없기 때문이다. 특히 묵조에서의 좌선은 묵과 좌조와 선이 동일시되는 입장이므로 좌선이라는 앉음새 자체가 묵조이다.

다음 가부좌의 둘째 의의는 관조하는 것이다. 단순히 앉아서 묵묵히 있는 것이 아니다. 묵묵히 앉아 있되 이 묵좌는 삼천대천세계에 두루하는 묵좌이다. 곧 조가 수반되는 묵이다. 그래서 묵조명에서는 묵과 조의 관계를 제대로 살펴야 한다고 말한다. 그래서 묵좌는 묵조의 좌이지 단순한 침묵만의 좌가 아니다.

이것은 몸의 좌이면서 동시에 마음의 좌이기 때문이다. 따라서 가부좌의 첫째 형식은 여기에서 바로 내용의 관조로 이어진다. 관조가 없는 형식의 좌는 한낱 껍데기일 뿐이다. 그래서 다시 『묵조명』에서는 곧 묵조 가운데에서 조를 상실한 묵이라면 그것은 곧 혼침과 미혹이 밀려들어 자신을 엉망진창으로 만들어버리고 만다.

따라서 묵과 조의 좌선에서 묵과 조의 어느 것 하나라도 상실한 불완전한 묵조에 떨어져서는 안된다. 이처럼 묵 가운데 조가 없어서는 안되고 아울러 조 가운데 묵이 없어서는 안된다는 관계를 완전(宛轉)이라는 용어로 표현하고 있다.

이것은 둘이 뒤섞여 있으되 제각각 자신의 모습을 유지하고 있는 것을 말한다. 이처럼 묵과 조가 일합하게 되면 그 경지는 원만보신노사나불의 경지가 되어 수와 증의 합일이 나타난다. 이것을 굉지정각은 연꽃이 벙글어 피고 꿈에 취해 있는 자가 꿈을 깨는 도리라는 말로 표현하여 묵조좌선을 하는 수행인의 경지는 곧 사바세계에서 꿋꿋이 연꽃이 피어나듯이, 미몽의 중생을 벗어나 꿈을 탈각하듯이 위없는 경계가 된다고 하였다.

이것은 가부좌의 형식이 그 내용으로서의 관조에까지 다다른 것을 나타낸 것으로서 정전(正傳)의 삼매에 안주하여 위없는 깨침에 이르는 것을 말하고 있다.

가부좌의 셋째 의의는 묵조가 완전의 작용으로 현성된 모습이다. 이것은 묵과 조가 상대적인 입장에 처해 있으면서도 상대성을 뛰어넘은 입장으로 바뀌며, 제각각의 입장에서 전체의 입장으로의 사고전환이다. 따라서 가부좌는 특별한 무엇으로 규정되어 있는 것이 아니다. 형식과 내용의 구분이 엄밀하게 존재한다고 규정해 버리면 깨침은 필연성이 아니라 목적성이 되어 버린다. 가부좌는 본래의 자기가 현성하는 것일 뿐이다. 일상의 모든 사사물물이 다 가부좌의 구조 속에서 본래의 자기체험으로 다가온다. 그리하여 주변의 어느 것 하나 가부좌의 현성 아님이 없다.

그래서 가부좌는 부단한 깨침의 체험으로 연속되어 간다. 과거의 깨침의 체험과 미래의 깨침의 체험이 따로 없다. 지금 그 자리에서의 깨침이다. 깨침에 전후가 없다. 전일적(全一的)인 입장이기 때문에 미혹한 중생의 입장에서의 고매한 깨침과 진리를 통한 각자(覺者)의 입장에서의 일상적인 깨침 사이에 구분이 없다.

이것이 바로 가부좌의 완전한 작용이고 가부좌의 일상성이다. 이 도리를 말로 표현하자면 달빛이 황금의 대지 위에 펼쳐진 모습으로 본체[正]가 우뚝 드러나 막힘이 없어 현상[偏]과 함께 작용하는 모습이다.

다음 가부좌의 넷째 의의는 수행과 더불어 깨침의 의의를 함께 나타내준다. 가부좌의 의의는 묵조의 속성으로 나타난다. 곧 묵조의 가풍은 주도면밀(周到綿密)을 그 특징으로 삼는다. 일상 행위 하나 하나가 소홀함이 없다.

따라서 가부좌는 그대로 깨침의 현현으로서 나타난 몸의 구조이고 마음의 구조이다. 이러한 가부좌야말로 묵조가 나타내는 일상성이고 본증성이다. 그래서 굳이 깨침을 얻으려고 목적하지 않아도 저절로 수행의 필연성이 구현되어 온다.

그래서 올바른 수행은 올바른 가부좌이고, 올바른 가부좌는 올바른 수행이며, 올바른 좌선은 올바른 깨침이다. 좌선 그대로가 깨침의 작용이므로 일시좌선(一時坐禪)은 일시불(一時佛)이고 일일좌선(一日坐禪)은 일일불(一日佛)이다. 즉 좌선이 곧 불[坐禪卽佛]이요 불은 곧 좌선[佛卽坐禪]이다. 이것이 지관타좌(只管打坐)로서의 가부좌가 나타내는 본래 의의이다.

3) 심신과 자각[本證自覺]

 수행은 깨침과 무관하지 않다. 여기에서 무관하지 않다는 것은 수행 자체가 깨침과 동일한 의미를 지닌다는 말이다. 그래서 수행은 반드시 깨침을 목표로 하고 궁극에는 깨침이 이루어진다는 바탕에서 시작되고 끝나는 것으로 생각하는 경향이 있다. 그러나 이와 같이 수행이 깨침의 전단계(前段階)로서만 이해되는 수행은 수행이 아니다. 수행은 깨침의 전단계가 아니라 수행이 곧 깨침이기 때문이다. 이와 같은 수행과 깨침의 관계에 대해서는 앞서 살펴본 바 있다. 바로 그와 같은 입장이라면 새삼스레 왜 수행이 필요한가. 누구나가 깨침 자체 그대로 완전하지 않겠는가.

 그러나 이처럼 누구에게나 완전하게 구비하고 있다는 사실을 누구나가 아는 것은 아니다. 그러나 아는 사람은 안다. 이것이 자기인식 곧 자각이다. 그 인식의 대상은 무엇인가. 물론 자기이다. 그러나 그 대상으로서의 자기는 인식의 대상일 뿐이다. 더 이상 본래자기가 아니다. 본래자기는 인식의 대상이 아니다. 그냥 그렇게 존재하는 법이연(法爾然)한 자기일 뿐이다.

 그래서 본래자기를 터득하는 기술이 필요하다. 그 기술이 좌선으로서의 자각이다. 좌선을 통한 자각, 다시 말해 본래

자기라는 심신(深信)이 수행이다. 따라서 좌선을 통한 자각의 수행은 본래불을 찾는 것이 아니다. 애초부터 구비하고 있는 본래자기를 닮아가는 행위이다. 곧 부처를 닮아가는 것이다. 아니 자신의 행위가 부처를 닮아가는 행위임을 자각하는 것이다.

이와 같은 본래불의 도리에 대하여 예로부터 대혜종고는 이러한 깨침의 도리는 사람들마다 두루 갖추지 않은 바가 없다고 말한다. 이것으로 보자면 대혜는 본래부터 중생 누구나 본래자기라는 깨침을 갖추고 있다는 본각문(本覺門)에 입각해 있다. 그러면서도 달리 시각(始覺)을 통하여 본각(本覺)에 합치된다든가 시각을 말미암아 비로소 본각에 합치된다고 말하기도 한다. 이것은 중생 누구나 본래자기임에도 불구하고 온갖 번뇌와 어리석음으로 인하여 본래자기라는 사실조차도 인식하지 못한다는 것이다. 따라서 처음부터 갖추고 있던 본래자기를 회복해야 하는 과제가 대두된다. 그것이 수행의 필요성을 이끌어낸다.

이처럼 본래자기라는 인식이 필요하다는 것이 곧 대혜가 출발한 시각문(始覺門)의 입장이다. 그래서 누구나 역대의 조사들과 삼세의 제불의 가르침을 통하여 수행과 깨침에 대한 눈을 떠야 하고 그럴 수 있다고 말한 것이 곧 시각을 통하여 본각으로 나아간다는 것이다. 이러한 대혜의 입장은 수행인이 본각의 도리를 구비하고 있으면서도 현실적으로는 그것을 드러내지 못하고 있는 것을 강조하고 있기 때문에 궁극적으로는 본래자기에 대한 심신(深信)이 반드시 필요하다.

한편 굉지정각(宏智正覺)은 모든 사람에게 불심이 본래부터 갖추어져 있다고 말한다. 그래서 범부가 바로 이 불심이 본래부터 갖추어져 있음을 모르고 밖의 경계에 대한 취사분별에 지배되고 있지만, 그러한 상황으로부터 벗어나 본래부터 갖추고 있는 깨침의 본원(本源)을 원만하게 드러내 가는 과정이 바로 초심으로부터 자각에 이르는 수행과정이라 말한다. 각자 그 본래불임을 자각하는 수행을 통해서 본래부터 깨친 존재로서 부처를 닮아가는 행위가 수행이라 하였다. 이것을 다음과 같이 말한다.

묵묵하면서도 자재하고 여여하여 반연을 떠나 있어서 훤칠하게 분명하여 티끌이 없고 그대로가 깨침의 드러남이로다. 본래부터 깨침에 닿아 있는 것으로서 새로이 오늘에야 나타난 것은 아니다. 깨침은 광대겁 이전부터 있어서 확연하여 어둡지 않고 신령스레 우뚝 드러나 있는 것이다. 비록 그렇다고는 하나 부득불 수행을 말미암지 않으면 안된다.

여기에서 깨침의 자각이라는 수행의 본래기능이 되살아난다. 곧 좌선수행이 그냥 앉아 있는 것이 아니다. 묵묵히 앉아 마음은 텅 비고 깨침은 침묵 속에 밝게 드러난다. 그리하여 좌선수행에서는 마음의 수행 못지않게 몸의 수행이 강조되고 있기 때문에 정(定)과 혜(慧)가 동시에 나타난다. 곧 앉아 있는 그 자체를 깨침의 완성으로 보기 때문에 좌선수행이 깨침의 형식이 아니라 깨침의 내용이고 깨침은 좌선수행의 내용이 아니라 좌선수행의 묘용(妙用)이다.

이 좌선수행이 곧 깨침으로 성립하는 것은 반드시 심신(深信)이 바탕하고 있기 때문이다. 심신이 아닌 좌선수행은 단순히 앉아 있는 자세일 뿐이고, 심신이 바탕하지 않은 깨침은 착각일 뿐이다. 바로 이 심신이 가장 강조된 것은 일찍이 보리달마부터였다. 보리달마는 이종입(二種入)에서 다음과 같이 말한다.

이입이란 무엇인가. 불법의 가르침에 의해 불교의 근본적인 취지를 깨치는 것이다. 중생은 성인과 동일한 진성을 지니고 있음을 심신하는 것이다. 그런데도 중생은 단지 객진번뇌에 망상에 뒤덮여 있어 그 진성을 드러내지 못할 뿐이다. 만일 객진번뇌의 망념을 제거하여 진성을 지니고 있음을 심신(深信)하는 곳에 돌아가 올곧하게 벽관(壁觀)을 통하여 자타의 구별이 없고, 범부와 부처가 본질적으로는 동일하다는 경지에 굳게 머물러 변함이 없으며, 또한 다시는 조금도 문자개념에 의한 가르침에 휩쓸리지 않는다면, 바로 그 때에 진리와 하나가 되어 분별을 여의고 고요한 무위에 도달한다. 이것을 이입(理入)이라 한다.

여기에서 이입(理入)은 깨침에 들어가는 이론이라든가 수행의 과정이 아니다. 곧 불교의 근본적인 취지를 깨치는 것을 말한다. 그 방법은 불법의 가르침에 의해서와 같이 불법의 가르침에 의해서 불법의 가르침인 그 근본 취지를 깨치는 것이다. 이것은 불법으로서 불법을 깨치는 것이다. 따라서 불법이란 깨침이다. 바꾸어 말하면 깨침으로 깨침을 얻는 것이다. 이미 불법이 깨침으로서 출발하여 깨침을 얻는 것이다. 이것이 달마의 수행방식이다. 여기에서 달마의 수행은 무엇을 새로이 얻기 위한 수행이 아니었다.

궁극적으로는 달마의 수행이 아니라 달마가 제자들에게 가르친 수행의 방식일 뿐이다. 이와 같이 달마가 말하는 깨침의 내용은 구체적으로 중생은 성인과 동일한 진성(眞性)을 지니고 있다는 것이다. 중생과 성인이 다르지 않다는 것은 중생에게나 성인에게나 모두 불법이 본래부터 갖추어져 있음을 말한다. 본래부터 갖추어져 있는 불법을 심신(深信)하는 것이 달마의 수행방식이다. 따라서 달마의 수행에는 이미 깨침이 갖추어져 있음[理入]을 말한다. 그래서 달마의 깨침[理入]은 수행이고 수행은 깨침[理入]이다. 이 깨침은 불법을 깨치는 것이므로 그것은 이론적인 깨침이 아니라 수행을 겸한 완성된 깨침이다. 그 수행방식이 심신이라면 심신의 형태는 곧 벽관이다. 달마의 벽관은 좌선 바로 그것이었다.

따라서 좌선의 구체적인 수행방식인 벽관의 모습은 객진 번뇌의 망념을 제거하여 진성에 돌아가 올곧하게 벽관을 통하여 자타의 구별이 없고, 범부와 부처가 본질적으로는 동일하다는 경지에 굳게 머물러 변함이 없으며, 또한 다시는 조금도 문자개념에 의한 가르침에 휩쓸리지 않는 것이다. 여기에는 좌선의 수행방식인 벽관의 내용이 드러나 있다.

첫째는 자타의 구별이 없고, 둘째는 범부와 부처가 본질적으로는 동일하다는 경지에 굳게 머물러 변함이 없으며, 셋째는 다시는 조금도 문자개념에 의한 가르침에 휩쓸리지 않는 것이다. 자타의 구별이 없다면 분별심을 내지 않는 것이다.

이입(理入)으로 깨침이 완성되어 있기 때문에 굳이 중생이니 성인이니 수행이니 깨침이니 하는 분별은 의미가 없다. 그 무분별한 마음으로 범부와 부처가 본질적으로는 동일하다는 경지에 굳게 머물러 변함이 없는 것이야말로 심신의 또 다른 형태이다. 곧 좌선의 벽관은 심신을 통한 벽관이라는 것이다.

이처럼 심신(深信)을 통한 벽관은 다시는 조금도 문자개념에 의한 가르침에 휩쓸리지 않는 것일 뿐만 아니라 오히려 문자를 통한 진리에 계합하는 것이다. 달마는 교(敎)를 부정하지 않고 교에 의하여 자각할 것을 말하였는데 그것이 곧 자교오종(藉敎悟宗)이었다. 본래 깨침이란 교(敎)에 의지해서 종지를 깨친다는 것이므로 거기에는 교를 매개로 하여 근본[宗]을 철견한다는 것이 포함되어 있다. 문자를 부정한다든가 여의는 것이 아니라 적극적으로 교내별전(敎內別傳)·불리문자(不離文字)를 말한다.

이와 같은 경전에 의하여 종지를 깨친다는 자교오종에 의한 심신의 벽관은 필연적으로 깨침이 구현되어 있는 모습으로서 달마는 바로 그 때에 진리와 하나가 되어 분별을 여의고 고요한 무위에 도달한다.고 하였다.

이로써 보면 진리와 하나가 되는 깨침은 반드시 자각을 수반하는 것으로서 분별을 여의고 고요한 무위에 도달하는 것을 속성으로 삼고 있다. 분별이 없기 때문에 따로 자타 내지 범성이 없고, 고요한 무위의 경지이므로 객진번뇌로부터 자유로울 수가 있다.

그래서 깨침은 심신이라는 자각을 통한 좌선벽관의 구현일 뿐만 아니라 벽관을 통한 심신의 자각이다. 따라서 심신과 벽관과 깨침은 좌선수행방식에 대한 달마 특유의 용어이면서 교를 통한 깨침이라는 의미까지 내포되어 있는 말이다.

4) 비사량의 좌선

좌선이란 자세를 가다듬고 고요히 앉아서 화두를 들건 묵조를 하건 관법을 하건간에 무언가 거기에는 마음의 작용이 바탕이 되어 있다. 화두를 들어도 화두에 대한 마음자세가 필요하고, 묵조를 해도 묵조에 대한 마음자세가 필요하며, 관법을 해도 관법에 대한 마음자세가 필요하다.

이 가운데서 묵조를 한다는 것은 몸으로 묵하고 마음으로 조한다는 의미가 포함되어 있다.

이 몸과 마음의 행위인 묵조는 좌선경험 가운데서 구체적으로 어떤 상태를 지향하고 있는가. 굳이 몸과 마음으로 나누어 설명하자면 몸으로는 올곧하게 가부좌의 자세를 취하면서 마음으로는 성성적적하게 사량하는 것이다.

무엇을 사량하는가. 본래면목의 자성을 사량하는 것이다. 그 본래면목이란 이치적으로 처음부터 성인범부가 하등의 차이도 없이 완전하게 깨쳐 있는 존재[理佛性]를 말한다. 그리고 본래면목의 자성을 사량한다는 본래면목임을 자각하는 것[行佛性]이다. 이불성(理佛性)이란 일체중생은 동일한 진성을 지니고 있다 혹은 일체중생은 그대로 공안이라는 의미로서 누구나 너는 것이나 깨침의 가능성의 존재를 나타낸 말이다.

그러나 가능성의 구비만 가지고는 한낱 철학일 뿐 결코 종교가 아니다. 종교란 반드시 그 실천이 수반됨으로써 철학과 구별된다. 선은 철학이기에 앞서 어디까지나 종교이다. 선은 반드시 좌선이라는 경험이 뒷받침되어 있다.

따라서 이불성은 필연적으로 행불성을 필요로 한다. 행불성이란 이불성에 머물지 않고 본래면목의 자성을 좌선이라는 행위를 통하여 그것을 형성시키는 자각행위이다. 그 자각을 이끌어내는 마음의 구조가 곧 비사량이다. 비사량이란 단순히 사량하지 않는다는 의미가 아니다. 사량하되 다름아닌 바로 그 자체임을 사랑하는 것이다. 『전등록』에는 다음과 같은 이야기가 있다.

약산유엄이 좌선을 하고 있는데 한 승이 물었다.
'올곧하게 앉아서 무엇을 사량하는 겁니까.'
약산이 말했다.
'사량할 수 없는 도리를 사량하고 있다.'
그러자 그 승이 말했다.
'사량할 수 없는 도리를 어떻게 사량한다는 겁니까.'
약산이 말했다.
'그것은 비사량이기 때문이다.'

여기에서 비사량이라는 것은 좌선 속에서의 의식의 존재

방식을 보여 준 말이다. 그런데 이 비사량을 단순히 '사랑이 아니다' 혹은 '사랑이 없다'는 의미의 형이하학적인 의미로 파악하여 좌선에 의한 무의식적인 상태, 곧 무념무상(無念無想)으로 간주한다면 이와 같은 비사량은 누구에게나 거의 불가능할 것이다. 왜냐하면 의식의 본성은 끊임없이 흐르는 것이기 때문이다. 곧 의식을 가지고 의식을 추구하면 자체의 의식이 또 다른 번뇌를 불러일으켜 거기에 빠져들고 말기 때문이다.

비사량은 이러한 상호간의 의식이나 무의식의 정신작용이 완전히 없어진 상태의 순수한 의식활동을 일컫는 말이다. 다시 말하자면 모든 관념과 의욕과 감정 등의 의식활동을 추구한다든가 억제한다든가 하지 않고 의식이 생멸거래(生滅去來)하는 그대로 맡겨 두는 것이다. 관념과 의욕과 감정 등의 번뇌작용은 그대로 내버려두면 본래 무자성(無自性)한 것이라서 저절로 사라지기 때문이다. 따라서 비사량이란 사량하되 지금 사량하는 자신이 다른 그 무엇이 아니라 바로 좌선하는 자기이고 자각하는 자기이며 깨쳐 있는 자기로서 자기와 사량과 자각이 하나임을 사량하는 것이다.

깨침의 심리도 이와 마찬가지의 의식작용이다. 그러나 깨침의 의식활동은 그대로 흐르면서 아(我)에 대한 집착으로부터 벗어나 있다. 이것은 번뇌와 깨침이 실체적으로 존재하는 것이 아니라 일심의 작용으로서 나타나는 것을 의미한다. 곧 의식이라든가 무의식이라든가 하는 것처럼 고정적으로 구별하여 보지 않는 순수직관이다. 이리하여 약산은 부사량(不思量)이라는 것의 사량이 바로 좌선에서의 비사량임을 보여주고 있다. 부사량이 사량의 부정이라면 무사량(無思量)은 사량의 부정적 존재방식이다.

이에 반해 비사량은 사량의 긍정방식이다. 그것은 사량의 비(非)가 아니라 비(非)의 사량이기 때문이다. 여기에서 비(非)는 그 다른 어떤 것이 아닌 그 자체를 의미한다. 자기가 자각의 주체이고 자각은 좌선의 내용이며 좌선은 자기의 현성이지 그 밖의 다른 어떤 존재가 아님을 말한다.

그래서 이 비사량에 철저한 것이 좌선의 요체이다. 곧 반석처럼 움직이지 않고 오롯하게 단좌하여 부사량의 사량이 비사량으로 철저화된 것이 좌선의 요체이다. 그 까닭은 일체의 분별심을 버리고 취사선택을 떠나 몸과 마음이 모두 자기의 본래심성으로 돌아가는 가장 종요로운 방법이 좌선이기 때문이다.

여기에서 비사량은 부처의 경계인 무위(無爲)이다. 무위이므로 일찍이 변설한 바가 없다. 변설한 바가 없이 일체의 언론을 떠나 있으므로 부사의한 경계라 한다. 이 부사의한 경계가 약산에게서는 사량하지 않는 것[不思量]으로 표현되어 있다.

위에서 사량하지 않는 것을 어떻게 사량한다는 겁니까 라는 한 승의 물음은 약산에게 긍정되지 못하였다. 그 까닭은 한 승의 물음이 아직 사량의 범주에 머물러 있기 때문이다. 사량의 부자유를 떠난 바로 그 당체적인 사량[非思量]에는 생각이 있고 없음에 관계가 없다. 그러기에 무위의 진제이다. 무위의 진제이므로 분별사량을 용납하지 않는다. 하물며 언설과 문자를 용납하겠는가.

따라서 시비와 선악과 분별과 언어문자를 초월한 절대진리로서 삼조승찬의 말을 빌리자면 신심불이(信心不二) 불이신심(不二信心)의 입장처럼 분별을 초월한 입장이다. 그래서 이 비사량의 경지는 믿는 주체의 신(信)과 믿어야 할 객체의 심(心 [진리])이 원래 불이일체(不二一體)한 입장에 서 있어 지식(知識)과 정의(情意)로는 헤아릴 수 없는 불립문자의 경지이다. 여래의 언설은 유위의 생각이나 분별로 알 수 있는 바가 아니다. 이것은 무루심에서 나온 것이기 때문이다.

그래서 여래의 언설은 사량분별의 대상이 아닌 까닭에 바로 대상이 아닌 사량 곧 비(非)의 사량로 나타난 것이므로 법이 아닌 인연과 비유로써 표출된 것이다.

또한 승찬은 『신심명』에서 텅 비고 스스로 비추니 애써 마음 쓸 필요가 없다. 비사량의 경계는 의식의 알음알이로는 헤아릴 바가 아니다. 따라서 진여의 법계는 자타가 따로 없으니 오직 불이(不二)라고 할 뿐이다 라고 말한다. 곧 비사량의 진실한 의미는 사량이 없다 는 의미가 아니라 비(非)

의 사량·탈락(脫落)의 사량·불염오(不染汚)의 사량이라는 의미이다.

여기에서 비(非)는 서술격이 아니라 주격의 의미인 비의 사량[비가 사량한다]비에 있어서의 사량 등의 뜻으로서 비가 바로 사량 그 자체임을 나타낸다.

그래서 비사량은 아집을 탈락한 집착없는 사량으로서 유일무이한 절대사량 내지는 정사량(正思量)으로 규정할 수가 있다. 이리하여 비사량은 단순한 무의식의 상태 곧 무념무상이 되는 것이 아니다. 왜냐하면 사량하지 않는다고 하면 사량하는 그 염(念)도 결국 의식의 굴레가 되어 어찌할 수 없게 되기 때문이다. 그리하여 일체를 생멸거래에 맡겨 둘 때의 방임(放任)된 의식에는 집착이 생기지 않고 관찰되거나 개념화되지도 않는다.

따라서 전체적으로 파악되어 주관과 객관의 일치가 이루어지는 남과 내가 따로 없어 오직 불이라 할 수밖에 없는 [無他無自 唯言不二] 세계로서 의식이나 알음알이로는 헤아릴 수가 없다. 이것은 종래의 지적인 분별심으로 사실을 규정하려고 한 미망을 타파하여 외계와 자아·객관과 주관이[理]와 사(事) 등이 일치하여 사실 그대로가 되어 언어를 떠나 양자의 구별이 사라진 그 의식활동이다.

그래서 비사량의 경계는 머무르지 않은 듯 머무는 것이고, 그것이 이름과 모습을 여의었을 때에는 행위가 없는 듯 행위를 하는 것이다. 비사량처의 본래의 의미는 아무것도 생각하지 않는 무념무상이 아니라 선악과 애증 등의 이견(二見)에 떨어지지 않는 임운무작(任運無作)의 사량이며, 정해(情解)의 분별사식(分別事識)이 미치지 않는 초연한 사량이다.

이처럼 비사량의 경계에는 문자가 없어 시비와 선악을 떠나 있다. 따라서 이것을 파악하고 사유하며 표현하기 위해서는 여기에서 말한 비사량의 좌선체험이 필요로 대두된다. 곧 이 좌선의 체험은 일상의 행주좌와 · 어묵동정 · 견문각지 등 일상생활의 모든 위의에서의 체험으로 다가오는 사량의 실체이다. 곧 『증도가』에서 말하는 행동하는 것도 선이고 앉아 있는 것도 선이며 말하고 침묵하며 움직이고 고요한 것이 다 자신의 본체를 편안하게 해준다는 바로 그 좌선에 통한다.

그러면 좌선에서 이루어지는 구체적인 비사량의 체험은 무엇인가. 굉지에게 있어서 비사량의 체험은 곧 무분별한 사량의 전체속에 그대로 자신을 내맡겨 버리는 가운데서 궁극적으로는 다시 사량을 벗어난 탈체현성(脫體現成)의 의식으로 돌아오는 것이 것이다.

이것은 비사량이 묵조의 심의식으로 현성해 있는 것을 말한다. 비사량의 사상은 좌선에서의 내면적인 마음의 준비로서 파악되어야 할 성질의 것이지 언설로 추구되는 것이 아니다. 단지 언설로 표현될 뿐이다.

이 비사량에서는 외물을 잊고 내면의 도리를 불러내어 다시 무심하게 외물에 다가가는 것이다. 그리하여 밖으로 잊었던 경계를 되살리고 안으로의 사량을 만물에 투여한다. 그래서 잊었던 외물의 반연은 잊는다는 망(忘)의 본래로 돌아와 망연(忘緣)에서의 잊는다[忘]는 의미가 일반적으로는 끊임없는 정신의 흐름속에서 현재의 연상을 벗어나고 연(緣)을 떠나서 의식적으로 결합할 수도 없고 도출해 낼 수도 없게 된 심(心)의 자연적인 현상으로 나타난다. 그러나 여기에서 잊는다는 것은 의식적으로 결합하려 한다든가 떠나려 한다와 같은 행위를 버린다는 의미이지 단순히 생리적 감각적으로 잊어버린다는 것을 의미하는 것이 아니다.

그러므로 좌선하는 도중에 만일 분별의식에 사로잡혔을 경우 그것이 분별의심임을 알아차림으로써 그 분별의식에 집착하지 않고 일상의 행주좌와에서 이루어지는 좌선에 조금도 지장을 주지 않게 되는데 그것이 몸에 익혀지는 그것이야말로 비사량을 체험한 좌선의 요술이다. 따라서 잊는다는 상태가 되어도 의식이 없어지는 것을 의미하는 것이 아니다. 이것이 바로 비의 사량이다.

5) 신심탈락의 경험

수행을 하는 데 그 기본은 무엇보다도 우선 반드시 근원을 알아야 한다. 그런데 그 근원을 알기 위해서는 일정한 행위가 요구된다. 그것이 마음이든 몸이든 언설이든 몸과 마음과 언설의 상호간의 행위든 간에 반드시 어떤 유형 내지 무형의 작용을 필요로 한다. 그런데 이 바탕에는 언제나 주체가 있어야 한다. 그 수행의 주체는 다름 아닌 자기 자신이고 자기의 몸이며 자기의 마음이고 자기의 언설이다. 주체가 결여된 행위는 단순한 몰입 내지는 마음의 방종이다. 외물에 대한 무비판적인 긍정이다. 곧 자신의 체험이 철저화되지 않은 영원한 객이다.

그런데 자신의 신(身) · 심(心) · 언(言)의 궁극에는 그 행위마저도 다시 닦아야 할 것이 없다는 생각을 가져야 한다. 이것이 수행에 들어가는 제일심(第一心)이다. 이 제일심을 지니기 위해서는 반드시 자신의 몸을 필요로 한다.

그 몸의 자세와 작용이 다름 아닌 좌선이라는 행위이다. 좌선의 행위는 우선 몸의 자세를 중시한다. 앉는 것이다. 제대로 똑바로 여법하게 늘상 앉는다. 그것이 가부좌이다. 그래서 가부좌는 수행의 제일심을 수지(守持) 내지 유지하기 위한 첫걸음이기도 하다.

이 가부좌에는 자신의 몸과 마음과 기를 조절할 줄 아는 호흡이 수반된다. 건강한 몸과 목표의식을 구비한 마음과 일정한 호흡이야말로 자신이 살아 있는 근본방식이다. 호흡이 바탕이 된 가부좌야말로 여법한 몸의 자세이다.

호흡의 수를 헤아리는 관법인 수식관(數息觀) 내지 호흡의 길이와 강도를 조절하면서 하는 관법인 지식관(止息觀)의 호흡에서 수식 내지 지식을 지속적으로 이끌고 나아가는 방식은 호흡에 대한 인식이다. 자신이 지금 호흡하고 있음을 알고 언제나 호흡하는 자신을 알며 호흡하는 주체를 알고 호흡하는 이유를 알며 호흡하는 마음을 알아야 한다.

이와 같은 호흡에 대한 인식은 몸과 마음에 습관이 베어들 때까지 지속하는 것이 필요하다. 그리하여 끝내 호흡하는 자세와 호흡하는 자체를 초월하는 것이다. 그 초월이란 더 이상 호흡에 신경 쓰지 않고도 자연스러운 호흡에 도달하는 것이다. 자연스러운 호흡과 올바른 호흡은 자연스러운 가부좌와 올바른 가부좌의 모습으로 나타난다.

호흡은 가늘게·고르게·길게 하는 것이 중요하다. 이것이 호흡의 자각이고 호흡삼매이다. 호흡은 몸을 추리는 작용만이 아니라 정기를 유지하는 행위이고 마음의 혼란과 고요함을 나타내는 척도이다. 이와 같은 호흡이 처음에는 의도적으로 진행되지만 점차 완숙해지면서 무의식적으로 자연스런 호흡이 되는 경지를 말한다.

호흡이 갖추어졌거든 보리심을 내야 한다. 보리심이란 다름 아닌 발심이고 발심은 자각의 행위로서 믿음의 당체이다. 그런데 그 믿음의 당체를 어떻게 자각하는가 하는 것이 중요하다. 믿음이 저절로 오는 것은 아니다. 발심은 그만큼 본래적이다. 발심이 본래적이라는 말은 아무렇게나 개인의 기분에 따라 좌우되고, 개인의 인연을 따라 나타나며, 개인의 필요에 따라 수시로 소용되는 그런 것이 아니라는 말이다. 그런 만큼 발심의 믿음은 직관적이고 자발적이며 보편적인 것이다. 따라서 발심의 믿음은 애초부터 누구에게나 갖추어져 있는 것을 자신이 직접 체험하는 행위이다.

발심의 주체는 어디까지나 자신이다. 발심하고 싶다고 해서 저절로 성취되는 것이 아니다. 그러나 발심은 자신 속에서 나온다. 다른 가르침이나 누구에게서 빌려오는 것이 아니다. 이미 자기 속에 있었던 것을 스스로 드러내는 행위이다. 따라서 자신의 강렬한 계기가 없어서는 불가능하다. 그것은 경전을 통해서 남의 언설을 통해서 자신의 명상을 통해서 자연을 통해서 어디서든지 언제든지 가능하다. 굳이 찾을 필요는 없다. 그대로 자각하면 된다.

그 발심은 무상의 체험에서 온다. 때문에 자신이 살아가는 세상이 한번 확 뒤집히는 것을 경험하고 나서야 비로소 발심이 가능하다. 그만큼 발심은 필요하고 중요하다. 때문에 누구나 발심해야 한다. 그 발심의 성취는 곧 신(信)의 완성으로서 자기확인이고 자기성취이다. 자기확인이 소위 깨침이라면 자기성취는 공덕을 이루는 것이다. 전자는 지혜의 터득이고 후자는 지혜의 실천으로서 자비의 활동이다. 그래서 그 신의 완성을 위하여 수행을 강조한다. 따라서 신은 반드시 발심으로 이어지고 발심은 수행으로 나타나며 수행은 깨침으로서 지혜를 수반하여 자비심이 작용한다. 이런 점에서 발심은 자비이다.

발심은 최초 수행의 단계에서부터 우선 모든 것이 공하다는 것을 실증하고 그 연후에 모든 것은 단순한 공이 아님을 자각하는 공삼매로서 지고지순한 경험이다. 이와 같이 묵조의 공안과 좌선은 현성과 탈락이라는 효과로 나타나 있다. 바로 현성과 탈락의 근원에는 반야경의 근본적인 가르침인 공[般若空觀]이 뒷받침되어 있다. 곧 묵과 조의 상호작용에서 일어나는 연기상의(緣起相依)는 현성과 탈락이 끊임없이 지속되는 경험으로 통하며, 그 현성과 탈락의 전개양상은 제법무아의 도리에 통한다.

그래서 발심은 수행하는 것이고, 수행하는 것은 발심이라는 그 분별마저도 초월하는 것이다. 이러한 중생이야말로 그대로 수행의 과정에 있는 중생이다. 그러나 중생에게는 수행을 시작하고 받아들이며 인정할 만한 능력이 구비되어 있지 못하다. 다시 말해 중생으로서는 열반에 나아가는 길이 막혀 있는 셈이다. 따라서 중생이 멸하여 중생을 초월한 존재가 되는 것이 수행인데 그 수행의 첫걸음은 중생을 비우는 행위이다. 중생을 비우는 행위를 공이라 말하기도 한다.

여기에서 공이란 중생이 공한 존재가 되는 것이 아닌 본질적인 공이다. 곧 중생을 벗어나는 것이 아니라 중생을 깨치는 것이다. 중생 그대로가 공이지 중생을 벗어난 공이 아니다. 중생은 공의 중생이고 공은 중생의 공이다. 비유하면 밤이 지나고 낮이 오는 것이 아니고 낮이 오기 전에 밤이 있는 것도 아니다. 곧 밤의 낮이고 낮의 밤으로서 낮과 밤은 둘이되 둘이 아니고[二而不二] 둘이 아니되 둘이다.[不二而二]

그래서 여기에서 중생을 깨치는 것은 보리심의 획득 곧 발심의 완성이 된다. 이리하여 발심이 이루어지고 나면 좌선이 순일해지는데, 바로 그 순일해진 좌선은 그대로가 깨침의 행위의 연속이다. 이것이 본래적인 깨침[本證]의 행태이다. 그런데 본증의 행태를 유지하기 위해서는 그것에 대한 자각이 필요하다.

그 자각의 행위가 묵조의 마음이고 좌선의 몸이다. 따라서 본증에 대한 자각은 이미 발심되어 있는 분상에서 이루어지는 수행 곧 묘수(妙修)이고 본수(本修)이다. 그 자각에도 준비가 필요하다. 자각에 대한 준비란 다름 아닌 믿음이다. 발심에 대한 믿음이다.

여기에서 믿음이란 이미 그렇게 되어 있다는 믿음이 아니라 자신이 믿고 싶어하는 모습으로서의 믿음, 곧 순전히 자신이 만들어 낸 창조의 믿음이다. 이것을 좌선이라는 행위로 다듬어 가는 것이다. 스스로 만들어 낸 믿음을 좌선삼매를 통하여 부단히 검증하고 마침내 스스로가 인정하는 것이다. 자신이 만들어낸 믿음이란 주체적인 믿음이다. 곧 좌선삼매 속에서 자기의 본래면목을 들어 궁구하는 것이다. 그것을 궁구하는 데에는 온통 자신을 송두리째 그 대상 - 이 대상은 다름 아닌 자기 자신이 된다. 자기가 자기를 궁구하는 행위이다 - 에 들이밀어 하나가 되어야 한다.

그와 같은 경험이 자각이다. 그러나 끝내 자신과 하나가 되지 않는 경우는 자신이 만들어 낸 믿음에 대하여 다시 숙고해 보아야 한다. 믿음의 대상을 바꾸라는 것이 아니다. 각도를 달리하여 용의주도하고 주도면밀하며 세밀하고 깊게 다시 살펴야 한다. 그리하여 본래면목이라는 주제에 대한 믿음을 달리하여 다시 궁구하는 것이다. 그 경험은 절대고요를 통해 검증된다. 절대고요는 자신에 대한 철저한 긍정으로서 좌선의 상태를 통한 몸의 고요가 바탕이 된다. 절대고요의 체험은 심신의 동요가 사라진 상태이다.

이 경험은 자신의 탈락으로 나타나는데 그것이 무아의 터득이다. 그 속에서 일체의 소리를 배제하고 정념(正念)에 드는 것이다. 그 정념은 무아의 체험으로 나타난다. 곧 공을 체험하는 것이다. 이것이야말로 공안을 자각하는 것이다. 분별이 없는 전일(專一)한 사량으로서 비사량의 체험이기도 하다. 비사량은 무분별한 사량속에서 궁극적으로 다시 사량을 벗어난 소위 탈체현성(脫體現成)의 의식으로 돌아오는 것으로 묵조의 심의식(心意識)이다.

그러나 비사량의 사상은 좌선에서의 내면적인 마음의 준비로서 파악되어야 할 성질의 것이지 언설로 추구되는 것이 아니다. 이것을 굉지는 사량에 대한 비(非) 뿐만이 아니라 언설에 대한 비(非)와 신체행동에 대한 비(非)의 소식으로 적극적으로 표현하고 있다.

따라서 굉지에게서는 약산유엄의 좌선방식인 비사량의 의식상태가 절대무심의 순수의식을 근저로 하는 전일의식(全一意識)으로 나타나고 있다. 그 전일의식은 바로 지유(至游)로서의 풍모를 나타내며, 생각을 잊고 말을 끊으며 행동을 떠나 생사거래에 그대로 맡겨두는 곳에서 비로소 비사량의 몰종적한 자취가 현성한다. 곧 비사량은 절대무심이라는 순수의식의 발로가 좌선을 통하여 현성된 심의식(心意識)이다.

이와 같은 묵조의 수행은 항상 믿음의 대상을 근본으로 하여 일행삼매의 경지에 들어야 한다. 그래야만 신심(身心)의 일거수일투족이 항상 믿음을 떠나지 않고 성성적적하다. 이것은 자기의 평소생활을 되돌아보는 행위이기도 하다. 곧 단좌하여 믿음의 실상을 염하고 자기를 염하며 마음과 마음이 서로 상속되어 마음을 고요하고 청정하게 하면 믿음의 대상이라는 의식이 없는 곳에 이르게 된다.

이것이 곧 망념이 사라진 본래믿음의 현성이다. 다시 말해 믿음의 대상을 염하는 마음 그 자체를 염하는 것이다. 믿음의 대상을 염하는 것은 곧 마음을 염하는 것이며, 믿음의 대상을 궁구하는 것은 곧 깨침을 궁구하는 것이다. 때문에 믿음의 대상이 적정하게 되어 궁구하는 자신과 하나가 되면 믿음이 더 이상 형상이 없는 도리인 줄을 알아 안심입명의 경지에 도달하게 된다.

이리하여 지속적으로 믿음의 대상을 궁구하여 대상적인 마음이 일어나지 않으므로 평등하여 대립이 없게 된다. 이처럼 마음을 믿음에 모아 평등하고 청정하게 하여 항상 그것을 자각하면 달리 망상이 없다. 애초부터 없는 줄을 자각한다.

불안심을 느낀 혜가는 달마에게 안심법문을 청하자 달마가 불안심을 내보이라고 말한다. 이후로 오랫동안 혜가는 불안심의 존재를 찾아보았으나 끝내 찾지 못하였다. 혜가는 불안심을 찾지 못한 것이 아니라 본래부터 그 불안심의 실체는 비존재라는 것을 알았다. 이로써 혜가는 불안심조차 공인 줄을 터득하였다. 모두가 믿음의 대상과 똑같은 법신이 된다. 항상 이러한 마음 상태로 있으면 모든 분별과 번뇌가 소멸해 버리기 때문이다.

그래도 그 궁구의 대상과 하나가 되는 경험을 하지 못했을 경우에는 처음으로 돌아가 믿음의 대상을 앞에 두고서 절대고요를 체험해 본다. 절대고요의 체험은 조금도 자신을 남겨두어서는 안되는 경험이다. 좌선 그대로 고요하다는 것을 느껴보는 것이다. 깊고 깊은 고요 속에 파묻혀 마침내 고요라는 생각마저 사라져 버린 때에 고요에 대한 본래모습을 경험하게 된다. 그 절대고요에서 무아의 체험이 가능하다. 무아의 체험은 자기 전체의 대긍정이다.

이와 같은 절대고요와 무아를 체험하고 난 후에 긴 호흡과 더불어 다시 앞에 두었던 자신의 믿음을 가져다가 궁구해 본다. 그리하여 마침내 그 믿음의 대상과 하나가 되는 자각의 체험이 필요하다. 하나의 대상에 대한 하나됨의 체험을 마치고나면 또 다른 대상을 가져다 다시 계속한다.

믿음의 대상이란 자신이 생각하고 느끼며 말하고 경험하며 실존하는 모두가 이에 해당한다. 본래면목과 더불어 경전의 문구라든가 연기법이라든가 생명의 모습이라든가 인간과 우주활동의 일체가 자신의 믿음의 대상이 된다. 그 믿음의 대상이 잘못되었다고 염려할 필요는 없다. 단지 어떻게 언제 궁구하느냐를 염려할 뿐이다.

왜냐하면 발심의 믿음에서 이미 완전하게 갖추어진 믿음이 자신의 눈을 통하여 색깔을 달리하여 드러난 것에 지나지 않기 때문이다. 이와 같은 대상에 대하여 언제부터인지 무슨 모습으로든지 어떤 작용으로든지 이미 자신이 믿어버린 그대로를 체험하는 것이 필요하다.

이 체험은 자신의 본증에 대한 본래인의 자각행위이다. 그 자각은 필연적으로 공안이 현성된 상황이며, 공안의 현성은 좌선하는 가부좌에 늘 그렇게 올곧게 드러나 있다. 공안의 현성은 지금·여기에·이렇게 자신이 좌선하고 있는 줄을 자각하는 행위이다. 곧 공안의 자각이요 자각된 공안이다.

여기에서 공안은 자신이다. 때문에 자신이라는 공안의 자각이고 자각된 공안의 자신이다. 이로써 자신과 공안과 자각은 각각 즉입(卽入)의 관계에 있다. 곧 자신속에서 자각된 공안이고 공안으로 자각된 자신이며, 자각된 공안을 구비한 자신이고 공안이 자신으로 자각된 것이며, 자신의 공안을 자각한 것이고 자각된 자신이 공안으로 드러난 것이다.

묵조선의 수행에서 무엇보다 우선적인 것은 믿음이다. 그것도 제일심으로서의 믿음과 아울러 본증을 위한 전제로서의 발심의 믿음이다. 그런데 이 믿음에 대해서 믿음이 진리 그대로 드러나 있다는 것을 현성공안(現成公案)이라 한다. 말 그대로 공안의 현성이다.

따라서 현성공안은 믿음의 존재방식이기도 하다. 이와 함께 믿음의 작용방식은 곧 좌선이다. 다시 말해 좌선이라는 행위를 통하여 공안이 현성되고 현성된 공안이 다시 좌선의 모습으로 드러나는 것이다. 그래서 공안의 현성과 좌선은 믿음의 다른 방식일 뿐 별개의 것이 아니다.

여기에서 공안은 탈락된 공안이다. 곧 일체의 의문과 형식과 공능을 벗어난 진리 그대로의 존재방식을 말한다. 그래서 공안은 진리이면서 진리의 현성이고 믿음의 탈락방식이다. 믿음이 무엇을 상대로 하여 누구에게나 어디에나 드러난다는 것이 아니라 믿음 자체가 누구에게나 어디에나 무엇으로든지 그대로 드러나는 것이다. 이것이 다름 아닌 좌선이다. 그래서 좌선은 좌선 그대로 현성된 진리이다.

이 좌선이 묵조의 좌선이다. 묵조의 좌선은 묵과 조의 좌선이다. 묵의 좌선은 이 몸뚱아리로 단좌하는 것이라면 조의 좌선은 깨어 있는 마음의 작용이다. 몸과 마음이 좌선이라는 형식으로 나타나 있다. 그래서 묵과 조는 몸과 마음의 조화이고 몸과 마음의 일체작용이다.

몸과 마음이 조화 내지 작용의 일체를 보이고 유지하기 위해서는 탈락이라는 수행이 필요하다. 탈락은 벗어나고 초월하며 집착이 없으면서 본래작용의 기능을 그대로 유지하는 작용이다. 그래서 신심탈락(身心脫落)이란 신(身)과 심(心)이 자기로부터 탈락되어 있는 상태 곧 초월되어 있는 경우를 말한다.

신(身)의 탈락이란 자신이 이 몸 그대로를 지니고 유지하면서 몸의 당체와 작용과 유혹과 번뇌에 장애받지 않으면서 동시에 몸의 유지와 작용에 대하여 아무런 장애도 느끼지 않는 것이다.

심(心)의 탈락이란 신(身)과 함께 상호 작용 속에서 유지되는 심이면서도 동시에 신의 구속으로부터 떠나 있는 것을 말한다. 그래서 심(心)이 신(身)의 구속을 벗어나 있는 경우는 몸이 하고자 하는 대로 마음이 따라가면서도 몸과 마찰을 일으키거나 전혀 장애가 되지 않는 것이다. 마음이 하고자 하는 대로 몸이 따르고 몸을 부리며 몸을 지탱한다.

그래서 심과 신의 탈락이란 정작 그 자체로부터 벗어난다는 의미이기는 하나 실제로는 그 자체 속에서 심과 신이 자유로운 기능이 이루어지고 유지되는 것을 말한다.

따라서 신심(身心)의 탈락 내지 심신(心身)의 탈락은 달리 탈락된 신심이고 탈락된 심신이다. 탈락의 굴레를 떨쳐버린 신과 심의 작용방식이다. 이처럼 신과 심이 탈락된 형태가 곧 공안의 현성이고 신심의 현성이다.

그런데 바로 이와 같은 탈락은 좌선이라는 행위를 통해서 이루어진다는 데에 의의가 있다. 신심의 어떤 탈락행위도 좌선을 벗어나서는 의미가 없다. 좌선은 신과 심의 형식이고 내용이면서 가치이고 작용이기 때문이다.

몸과 마음이 일치된 상태에서 일어나는 탈락의 양상은 필연적으로 감각의 탈락을 수반한다. 안·이·비·설·신·의의 탈락은 몸으로부터의 탈락이고 마음으로부터의 탈락이기 때문이다. 좌선의 형식을 통하여 몸과 마음의 탈락을 경험한 이후에는 다음으로 반드시 감각의 탈락으로 이행된다. 색과 형체를 보고 소리와 들으며 냄새를 맡고 맛을 보며 촉감을 느끼고 여타의 과거와 현재와 미래를 넘나들고 인식하는 일체의 것으로부터 초연한 경험하게 된다.

여기에서 좌선을 통해 경험된 감각의 탈락은 달리 좌선의 탈락형태이기도 하다. 좌선이 탈락된 형식으로 보고 들으며 맡고 맛보며 느끼고 체험한다. 그래서 좌선은 곧 신심의 탈락이고 감각의 탈락이기도 하다. 탈락된 신심과 탈락된 감각과 탈락된 언설은 심신(深信)의 자각 좌선을 통해서만 드러나는데, 이처럼 드러나 있는 모습이 공안의 현성이다. 따라서 공안의 현성 곧 현성공안은 좌선탈락의 모습이면서 좌선탈락의 내용이다.

그런데 발심의 믿음에 대한 주제는 앞서 말한 바처럼 모든 것이 가능하다. 그러나 어느 것이나 다 되는 것은 아니다. 자신이 직접 경험한 발심의 믿음이지 않으면 안된다. 가령 12연기를 발심의 믿음으로 정했다면 우선 붇다의 깨침에 대하여 좌선삼매를 행한다.

왜냐하면 붇다의 깨침은 12연기에 통해 있기 때문이다. 그러면 붇다가 연기를 깨쳤다는 말인지, 아니면 붇다가 연기를 통해서 무엇을 깨쳤다는 것인지, 아니면 붇다는 무엇무엇이 연기의 도리라는 것을 깨쳤다는 것인지 등을 몸소 좌선삼매를 통하여 심신(深信)하는 것이다.

또한 붇다가 말한 연기의 맨 바닥에 놓여 있는 무명(無

明)에 대하여 무명의 실상이 무엇인지, 무명은 무엇을 인연하여 발생하는 것인지, 자체적으로 발생하는 것인지, 무명 자체가 근본적인 제일원인이 되는 것인지, 무명이 존재하는 것인지, 무명의 행위란 도대체 무엇인지 등을 몸소 좌선삼매를 통하여 확신하는 것이다.

이와 같은 행위는 필연적으로 반야에 의하여 탐욕과 번뇌를 여의는 혜해탈(慧解脫) 뿐만 아니라 선정을 통해서 근본적인 무명을 여의는 심해탈(心解脫)의 어느 것에도 두루 통하는 직접경험으로 지혜와 심신의 탈락이기도 하다. 이 신심탈락의 경험은 다음과 같은 과정을 거친다.

순서	주 제	경 험
1	제일심의 자각	신(身)・심(心)・언(言)
2	몸과 마음의 조절	몸과 마음의 청정과 정견
3	호흡삼매	수식관(數息觀)・지식관(止息觀)
4	발심	심신(深信)의 자각
5	지관타좌	좌선삼매의 체험
6	절대고요	자기와 대상의 긍정
7	무아체험	공삼매의 실천
8	본증의 자각	비사량 - 묵조의 심리
9	현성된 공안	일행삼매 - 묵조의 지속성 실현
10	신심의 탈락	묵조의 작용 - 묵조의 현성과 일상화

김호귀

동국대학교 선학과 졸업
동국대학원 석사 · 박사 졸업
동국대 불교문화연구원 연구교수

저서 · 역서

묵조선 입문(석란)
묵조선의 이론과 실제(동국대출판부)
묵조선 연구(민족사)
현대와 선(불교시대사)
선과 좌선(석란)
선문답의 세계(석란)

게송으로 풀이한 금강경(석란)
길장 금강반야경소(석란)
규기 금강경찬술(중도)
금강경 주해(석란)
원효 열반경종요(석란)
기타 다수의 논문

조동선요

1판 1쇄 인쇄 / 2007년 10월 8일
1판 1쇄 발행 / 2007년 10월 15일

지은이 / 김 호 귀
발행인 / 유 광 옥
발행처 / 도서출판 석란
주　소 / 서울 중구 신당2동 414-12 1F

전　화 / 02)2254-3100
팩　스 / 2254-4840
등　록 / 2001.2.23 제 02-3271호

값 10,000 원

ISBN 978-89-92267-04-5 03220